GAY HARDCORE 23

In der Zelle des Knastkönigs

Max Wildrath

BrunoBooks

Gay Hardcore 23

Salzgeber Buchverlage GmbH
Prinzessinnenstraße 29, 10969 Berlin
buch@salzgeber.de

Umschlagabbildung: © Lucas Entertainment
lucasentertainment.com (Models: Jeffrey Lloyd)
Printed in Germany

ISBN 978-3-95985-428-3

Die in diesem Buch geschilderten Handlungen sind fiktiv.

Im verantwortungsbewussten sexuellen Umgang miteinander gelten nach wie vor die Safer-Sex-Regeln.

1. Verurteilt

Die Verhandlung ist geschlossen.«

Der Richter packt ein paar Unterlagen zusammen, dreht sich um und geht.

Ich habe drei Jahre gekriegt.

Vor drei Monaten ist mein altes Leben zerbrochen. Es war ein Samstagvormittag im Sommer, ich war in der schwulen Ecke des Parks, und da war Dragan. Mein Alter, Anfang zwanzig, dunkle Locken, kleiner und schmaler als ich, ein knappes Muscleshirt, enge, abgewetzte Jeans, sicher nichts darunter, sein Schwanz und seine Eier waren unter dem dünnen Stoff nicht nur zu erahnen. Eigentlich gar nicht so mein Typ, ich mach's lieber mit gestandenen Männern, aber er hatte durchaus seinen Reiz. Er hat ziemlich schnell vorgeschlagen, zu ihm zu gehen, er wäre allein zu Hause, das sei kein Problem, und er wolle gefickt werden. Als er meine Hand auf seinen Arsch gelegt hat, ist mein Verstand in die Hose gerutscht, und ich bin mitgegangen.

Ich soll's ihm richtig hart geben, hat er gesagt. »Kannst mit mir machen, was du willst. Musst mich zwingen. Werde so tun, als ob ich nicht will. Ich will aber! Du musst laut sagen, was ich tun muss! Und mich schimpfen! Wie du willst! Macht mich geil! Verstehst du?«

Ich dachte, ich verstehe. Dachte, er braucht das als Rechtfertigung sich selbst gegenüber, so nach dem Motto, er sei ja gar nicht schwul und werde nur missbraucht.

Er führte mich zu einem Wohnblock in der Nähe, in eine Wohnung mit ein paar schäbigen Möbeln im Flur, wo er mir Handschellen in die Hände drückte. »Fessel mich ans Bett, wenn du mich fickst. Werde mich wehren, will das aber. Will deinen Schwanz im Arsch, verstehst du? Warte.« Er nahm mir die Handschellen wieder ab, gab mir dafür andere. »Nimm die! Die kann ich nachher selbst aufmachen.« Er zeigte mir einen Entriegelungsknopf.

»Wenn du fertig bist, geh einfach! Lass mich liegen, auch wenn ich jammere! Will dann allein sein, verstehst du?«

Er hat mich noch aufgefordert, ihn in ein Zimmer zu stoßen, und dort begann, was ich für ein Spiel hielt und zwar so, wie er es vorgeschlagen hatte. Ich habe ihn »gezwungen«, meinen Schwanz zu lutschen, mir den Arsch zu lecken, ich habe ihn ausgezogen, auf meine Befehle hat er immer mit »Nein« und »Bitte nicht« reagiert. Er hat sich widersetzt, sicher nicht mit ganzer Kraft, aber ich musste mich anstrengen, mit ihm fertig zu werden. Meist bin ich in seiner Rolle, aber es hat auch Spaß gemacht, mal den Macker spielen zu können. Zu guter Letzt habe ich ihn bäuchlings aufs Bett geschmissen, seine Hände ans Bettgestell gefesselt und ihn bestiegen. Er hat gezetert, gestöhnt, geschrieen, als mein Schwanz in sein Loch einfuhr, das war mir egal, er wollte es ja so, und ich habe diesen Fick ausgiebig genossen, habe ihn richtig hart geknallt, als schwule Sau beschimpft, der ich gleich in den Arsch spritzen würde, und als es mir kam, habe ich auch meinen Orgasmus laut hinausgebrüllt.

Er hat jetzt fast geheult, aber zugleich hat er mir zugezwinkert und mich mit »Verschwinde!« verscheucht, als ich doch seine Hände befreien wollte.

Ich habe mich also angezogen, wollte gehen, und traf im Flur auf einen vierschrötigen Kerl, Mitte vierzig vielleicht, wenig Haare auf dem Kopf, unrasiert, stämmig, kräftig, Typ Bauarbeiter. »Wer bist du?«, hat er mich angeraunzt. »Was ist hier los?«

Ich kam ins Stottern, er hat bei einem Blick ins Zimmer Dragan nackt, gefesselt und wimmernd auf dem Bett liegen sehen, hat mich angeschrieen »Was hast du gemacht?«, mich in eine Besenkammer geschoben und eingeschlossen.

Ich war völlig überrumpelt, musste mir aber eingestehen, dass die Reaktion dieses Typen sogar verständlich war, und hoffte, Dragan würde ihm die peinliche Situation erklären.

Nach einigen Minuten ließ er mich wieder raus, schien sich beruhigt zu haben, und ich dachte, es sei alles in Ordnung. War es aber nicht.

»Du hast meinen Neffen gefickt«, sagte er. »Dafür ficken wir beide jetzt dich. Verstanden?«

Das kam mir nun zwar schon sehr seltsam vor, doch

mir war klar, dass ich gegen diesen stämmigen »Onkel« chancenlos war und aus der Nummer nicht rauskommen würde, ohne die zwei über mich drüber zu lassen. Ich habe auch gar nichts dagegen, mich von ein paar Kerlen besteigen zu lassen, und ob ich wollte, spielte sowieso keine Rolle. Ich war selbst schuld, dass ich in dieser Situation war, und schließlich gibt es Schlimmeres als einen Schwanz im Arsch. Oder zwei. Ich würde es verkraften, dachte ich. Ich Idiot.

»Muss ins Bad!«, drängte sich der nackte Dragan an uns vorbei, und sein »Onkel« schob mich in das Zimmer, begann sich auszuziehen, forderte mich ebenfalls dazu auf. Der Kerl war durchaus mein Fall, eher sogar als Dragan, und mein Schwanz war bereits wieder auf halbmast, als ich aus der Unterhose stieg.

Dragan kam zurück, sagte was in einer fremden Sprache, und dann machten sie mir klar, dass jetzt ich zu tun hätte, was sie wollten. Mir kam das Ganze immer mehr wie ein abgekartetes Spiel vor, mit Dragan als Lockvogel für Frischfleisch wie mich für den anderen, den er »Roman« nannte und der wohl eher sein Zuhälter als sein Onkel war.

Ich kam aber nicht zum Nachdenken, denn nun musste ich ihre Schwänze lutschen, und der von Roman war ein echtes Kaliber, selten mal so einen fetten Kolben gesehen. Die beiden nahmen keine Rücksicht, stopften mir brutal das Maul, zwischendurch musste ich ihre Eier lecken, ich kam kaum dazu, Luft zu holen.

Nach einer Weile schmissen sie mich rücklings aufs Bett, Roman setzte sich auf mich, wetzte seinen massigen Arsch über mein Gesicht, forderte, sein Loch zu lecken, und hinter seinem Rücken fummelte Dragan an meinen Armen rum und band meine Hände an das Bettgestell. Nun war ich ihnen völlig ausgeliefert und konnte nur hoffen, dass sie mich gehen ließen, nachdem sie sich abreagiert hatten.

Zunächst krallte sich Roman meine Beine, zog sie zu sich hoch, mein Arsch hing in der Luft, bereit zum Anstich. Dragan spuckte zumindest in meine Ritze und auf seinen Kolben, ehe er einfädelte und mich bumste. Sein Schwanz hatte bestenfalls Durchschnittsmaße, das war kein Problem, und ich hätte mich nur zu gern gewichst, denn mit einem Rohr hinten drin und einem Mackerarsch auf der Fresse, wer würde da nicht heiß?

Dragan beschimpfte nun mich so wie vorher ich ihn, er genoss ganz offensichtlich, jetzt der Ficker zu sein, und er wollte dieses Gefühl möglichst lang auskosten. Irgendwann wurde es Roman zu viel, er forderte Dragan auf, abzuspritzen, er selbst wolle schließlich auch noch. Dragan legte einen Zahn zu, bald pumpte er seinen Schleim in meinen Arsch, und keine Minute später steckte Romans deutlich fetterer Kolben in meiner Möse. Nur gut, dass Dragan vorgebohrt und seine Soße in mein Loch geschmiert hatte, sonst hätte ich dieses Monstrum nicht verkraftet.

Auch gut, dass Roman von der Arschleckerei bereits so geil war, dass es ihm bald kam und er meinen Hintereingang mit seiner Machosahne flutete.

»Jetzt du! Spritz ab!«, verlangte Roman und begann, bei mir zu rubbeln. Er konnte das echt gut, und dank seines Schwanzes, der immer noch in mir steckte, und Dragans kleinem Arsch, der auf meinem Gesicht hockte, kündigte das Ziehen in den Eiern bald meinen Orgasmus an, und schließlich spritzte ich mir zwei-, dreimal auf den Bauch.

»Ist genug«, hörte ich Roman, »Dragan, mach!«

Einer von beiden fummelte an meinem Bauch herum, ich konnte aber nicht sehen, was da passierte. Schließlich stieg Dragan von mir ab, Roman zog seinen Riemen aus meinem Loch und ich lag mit festgebundenen Händen und einer Doppelportion Sperma hinten drin auf dem Rücken, die beiden putzten ihre Schwänze ab, zogen sich an, beachteten mein Verlangen, mich loszubinden, gar nicht.

Roman hielt mir eine kleine Plastikdose vor die Nase, darin eine weißliche Flüssigkeit. »Deine Soße ist hier drin. Das von jetzt, und was du vorher in Dragans Arsch gespritzt hast. Kommt in Eisschrank. Pass gut auf, wir zeigen dir jetzt was.«

Er tippte auf einem Smartphone rum, hielt es mir dann vor die Nase. Ich sah den Raum, in dem wir uns befanden, leer zunächst, dann stolperte Dragan herein, gefolgt von mir, und dann sah ich alles, was vorhin passiert war, bis am Ende Roman in das Zimmer stürzte, Dragans Handschellen löste, und dieser heulend erklärte, ich hätte ihn vergewaltigt.

Ich verstand zunächst überhaupt nichts. Wieso sagte Dragan das, und wieso gab es dieses Video überhaupt und …

Ich stand auf der Leitung, bis Roman erklärte: »Pass gut auf, sage nur einmal: Du zahlst uns bis nächste Woche fünftausend Euro, sonst schmiere ich deine Soße in Arsch von Dragan, rufe Polizei, sage, du hast ihn missbraucht und du gehst in Knast. Kapiert?«

Schlagartig war mir die ganze Perfidie des Plans klar, aber ganz kampflos wollte ich nicht aufgeben. »Das glaubt euch kein Mensch!«

»Deutsche Polizei wird dem Video glauben. Und wir sind zwei, du allein. Sie werden uns glauben.«

Er hatte sich die Geldbörse aus meiner Hose genommen und wühlte darin rum. Mein letzter Fünfziger war natürlich weg, aber er nahm auch meine Jahreskarte unseres Verkehrsverbundes raus. »Ist gut. Hier dein Name. Wir sagen, du hast das verloren. Polizei wird dich finden. Klar?«

»Ich habe das Geld nicht!«

»Ist dein Problem.«

Ich geriet in Panik. »Aber wenn ich im Gefängnis bin, könnt ihr erst recht nichts von mir kriegen! Also, was habt ihr davon?«

»Weißt du, es gibt mehr Männer, die böse waren zu Dragan. Manche wollen nicht mehr zahlen, weil sie nicht glauben, wir machen Ernst. Wenn sie sehen, wir gehen zur Polizei und du ins Gefängnis, sie werden weiter zahlen. Du kommst nächsten Samstag und bringst das Geld. Verstanden?«

Ich hatte verstanden, nur half mir das nichts. Das Geld hätte ich zur Not zusammenkratzen können, aber ich musste ja damit rechnen, dass sie mit einer einmaligen Zahlung nicht zufrieden sein würden. Roman hatte »weiter zahlen« gesagt. Ich konnte nur hoffen, dass sie entweder ihre Drohung nicht wahrmachen oder man mir mehr Glauben schenken würde. Ich Idiot.

Natürlich hätte ich den Spieß umdrehen und gleich zur Polizei gehen sollen, schließlich hatte ich unter anderem das Sperma des angeblichen Opfers in mir. Es war mir zu peinlich. Ich Idiot.

Eine Woche danach ging ich noch mal hin, um ihnen zu sagen, dass ich nicht zahlen könne. Ich hätte mich sogar nochmal vögeln lassen, wenn sie von ihrer Drohung abgerückt wären. Später wurde mir bewusst, dass das ein Fehler war, denn nun hatten sie einen Zeitpunkt, für den ich kein Alibi haben konnte, und schon eine halbe Stunde, nachdem ich wieder zu Hause war, stand die Polizei vor meiner Tür.

Niemand hat mir geglaubt. Die beiden hatten sich gut abgestimmt, alles passte zusammen. Dragan sagte, es wäre abgesprochen gewesen, dass er mich bumst. Roman erklärte, er habe das Aufnahmegerät in Dragans Zimmer installiert, um zu sehen, mit wem er sich trifft, Dragan hätte davon nichts gewusst. Jemand, der nur die Aufnahme sah und hörte, musste annehmen, ich hätte Dragan vergewaltigt, das war sogar mir klar. Dazu meine Fingerabdrücke auf den echten Handschellen, es gab genug Indizien, die gegen mich sprachen. Es wurde zwar anerkannt, dass ich nicht vorbestraft war, strafverschärfend wirkte aber, dass ich das Opfer hilflos und gefesselt zurückgelassen hätte.

Mein Pflichtverteidiger hat pro forma ein paar Entlastungsversuche gestartet, die vom Richter gnadenlos niedergebügelt wurden, worauf mein Anwalt nicht weiter insistierte. Ich denke, er glaubte mir auch nicht. Alle ließen mich spüren, für was sie mich hielten: das Letzte.

Drei Jahre, nach Erwachsenenrecht, ich bin zweiundzwanzig. Die Worte klingen mir noch im Ohr und ich muss mich an einer Stuhllehne festhalten, sonst würde ich umkippen.

Der Wachtmeister neben mir sagt »Gehen wir.«

2. Sträflingskluft

Während der Untersuchungshaft war es mir gelungen, mich weitgehend aus allem rauszuhalten. Man hielt mich wohl für einen komischen Kauz, aber das war mir egal, ich wusste, ich war unschuldig und wollte mich nicht mit irgendwelchen Taten brüsten wie die anderen Deppen. Außerdem hatte ich noch die Hoffnung, freigesprochen zu werden. Ich Idiot.

Heute bringen sie mich dahin, wo ich die nächsten drei Jahre verbringen soll. Muss. Wenn nicht ein Wunder geschieht. Mein Verteidiger hat mir wenig Hoffnung gemacht, bezüglich der Möglichkeiten, gegen das Urteil vorzugehen. Es interessiert ihn auch nicht wirklich. Und ich kenne keinen guten Anwalt.

Wie benebelt lasse ich alles mit mir machen, tue, was man mir sagt, es ist eh egal. Ich gehe nach links, wenn ich soll, unterschreibe, was man mir hinhält, packe die paar privaten Sachen, die ich noch habe, steige in den Wagen, der mich wegbringen wird. Von der Fahrt registriere ich nichts, starre nur auf den Boden.

Irgendwann, ich weiß nicht, wie viel Zeit vergangen ist,

soll ich wieder aussteigen. Wir sind in einem Innenhof, an allen Seiten vier- oder fünfstöckige Blocks mit vergitterten Fenstern, in jeder Ecke ein Flutlicht-Scheinwerfer, ein Teil des Hofs ist mit einem festen, hohen Metallzaun abgetrennt, dahinter eine Art Sportplatz, einige in Einheitsgrau gekleidete Kerle spielen Basketball, andere stehen rum, rauchen, quatschen. Das wird ab jetzt meine Gesellschaft sein. Ob außer mir noch jemand unschuldig hier ist?

Hier werde ich mich nicht mehr raushalten können. Ich muss irgendwie mit der Situation zurechtkommen. Es hilft nichts. Drei Jahre.

Die beiden Polizeiwachtmeister führen mich in ein Gebäude. Sie haben mich, wie bisher so weit alle, korrekt behandelt. Nüchtern, aber korrekt. Mich gesiezt.

Sie übergeben mich dem Gefängnispersonal. Sie kennen sich natürlich, tratschen ein wenig, die Polizisten reichen Unterlagen zu meinem Fall weiter, verabschieden sich.

Nun bin ich mit zwei Aufsehern allein. Beide in dunkelblauen Uniformen, vielleicht Mitte dreißig, dunkelhaarig, der eine mit kurzem Vollbart. »Dann wollen wir mal«, fängt der Bartlose an. »Du bist das erste Mal hier? Für wie lang?« Aha, kein »Sie« mehr.

»Ja. Drei Jahre.«

»Wenn du dich gut führst, kannst du nach zweien schon wieder rauskommen. Das geht schnell vorbei, wirst du sehen.«

Ich schüttle nur den Kopf.

»Lass dich nicht hängen! Und mach keine Dummheiten, ja? Und jetzt komm mit!«

Sie führen mich in eine Kleiderkammer. »Ausziehen, alles!«

Sie stellen mir eine Plastikbox hin, in die ich alle meine Sachen lege, mustern mich, als ich schließlich völlig nackt vor ihnen stehe. »Ich würd' den Ohrring rausnehmen.« Dem Bärtigen ist mein kleiner Stecker rechts aufgefallen. »Da könntest du gleich mit einem Schild ›Ich bin schwul‹ um den Hals rumlaufen. Die Männer werden so oder so ihren Spaß mit dir haben wollen, stell dich schon mal drauf ein. Über zu wenig Sex wirst du hier nicht klagen können. Aber wenn du schwul bist, hast du ja was davon.« Er blickt zu seinem Kollegen. »Wollen wir auch?«

»Klar. Wenn er schon schwul ist.« Er hat seine Hose bereits geöffnet, hält seinen Dödel auffordernd in der Hand. »Komm schon! Blas mir einen!«

»Mir auch!« Der zweite Aufseher fummelt an seinem Hosenschlitz. »Das wirst du hier sowieso jeden Tag ein paar Mal machen müssen. Fang an!« Ein zweiter Pimmel baumelt im Freien.

Meine aufkommende Erektion straft mein Kopfschütteln Lügen.

»Komm schon! Du bist nicht freiwillig hier und wir wären auch lieber daheim, als hier Dienst zu schieben. Da können wir es uns zwischendurch nett machen. Also blas! Man sieht doch, dass du willst!« Er fasst mir in den Nacken, drückt mich in die Knie. Ich leiste keinen Widerstand, greife nach den beiden Nudeln, knete sie, sie gewinnen an Volumen, werden halbsteif, ich ziehe bei beiden die Vorhaut zurück und lege die Eicheln frei, es sind schöne Schwänze, wirklich, und wenn mich die beiden Wachtmeister auf der Straße angemacht hätten, hätte ich mich mit ihnen eingelassen.

Mein eigener Pimmel wächst, was der Bärtige registriert. »Siehst du, es gefällt ihm«, sagt er seinem Kollegen und deutet zu mir runter. »Er kriegt einen Steifen! Die schwule Sau!«

Ich werde erregt, ja, ich blende aus, wo ich bin, sehe nur zwei geile Kerle vor mir, zwei Schwänze, richtige Männerschwänze. Sie haben offensichtlich Druck auf den Eiern, ich soll sie zum Abspritzen bringen, in meinem Maul wollen sie kommen, und ich will es auch, will ihre Soße schlucken, will jetzt nur Schwanzlutscher sein.

Und so fange ich an, an der Latte des Bartlosen zu saugen, umspiele mit der Zungenspitze seine Nille, lecke am Pissschlitz, fasse mit einer Hand um ihn herum, knete durch die Uniformhose seine festen Arschbacken, sauge mir das noch nicht ganz steife Rohr vollständig rein. In meinem Mund wächst es weiter, ich nuckle daran, merke, der Kerl steuert schon auf den Abschuss zu, er packt mich jetzt an den Ohren, verpasst mir einen derben Maulfick, ich halte mich nun mit beiden Händen an seinem Hintern fest. Seine Arschbacken verkrampfen, gleich wird er kommen, die Kanone zwischen meinen Lippen pulsiert, es geht los, er lädt ab, sein Eierschleim landet in meinem Schlund, läuft in mir hinunter, er schnaubt heftig, ich lasse sein Rohr aus meinem Mund gleiten, umfasse es mit sanftem Druck, fahre so von der Schwanzwurzel bis zum Nillenkopf entlang, drücke noch einige Tropfen Sperma aus ihm heraus, lecke sie mit der Zungenspitze ab, schlucke auch das noch.

Der Typ stützt sich jetzt auf meinem Kopf ab, so groggy ist er. »Du bist … vielleicht … eine Sau … Ich bin so … fertig …« Es dauert, bis er wieder richtig zu sich kommt, mich loslässt und sein Gehänge einpackt. »Du kannst dich jetzt noch um Albert kümmern. Ich suche derweil deine Klamotten zusammen. Welche Größe?«

»Achtundvierzig.«

»Schuhe?«

»Einundvierzig.«

Albert, der zweite Aufpasser, hat sich, nachdem ich ihn losgelassen hatte, die Uniform- und Unterhose bis zu den Knöcheln runtergezogen, sich gesetzt und uns mit glasigen Augen wichsend zugesehen. Er wird es vielleicht nicht zugeben, aber der ist mindestens halbschwul. Wenn es ihn anmacht, seinem Kollegen beim Maulfick zuzusehen …

»Komm her!«, fordert er mich nun auf, macht die Beine breit und rückt auf dem Stuhl nach vorne. »Leck mir die Eier!«

Ich rutsche auf Knien zu ihm, muss mich runterbeugen, um an seinen Sack zu kommen, er ist da unten fast so behaart wie im Gesicht mit seinem Vollbart, kratzige, dunkle Haare überall, ich muss mich fast durchwühlen, um zu seinen Klunkern zu kommen, dann sauge ich sie mir ein, einzeln, das rechte Ei, das linke Ei, lasse sie wieder aus meinem Mund flutschen, während sich Albert selbst wichst und der andere aus diversen Regalen Klamotten zusammensucht.

So, wie Albert grunzt und stöhnt, gefällt es ihm, da bin ich sicher, seine Latte ist voll ausgefahren, aber er lässt mich noch nicht dran, ich soll weiter seinen Sack bearbeiten. Sein Kollege brummelt im Hintergrund, er müsse ins Lager, es wäre nicht alles in meiner Größe da, und als er den Raum verlassen hat, rutscht Albert auf seinem Stuhl noch weiter nach vorne.

»Leck mir den Arsch! Schnell! Ehe er zurückkommt!«

Ein verklemmter Schwuler, hab ich's mir doch gedacht. Sich blasen und die Eier lecken zu lassen, traut er sich vor seinem Hetero-Kollegen, aber dass ihm eine Zunge am Arschloch gefällt, würde er nicht zugeben.

Sein Loch ist ein heller Fleck inmitten einer Menge Haare, und da taste ich mich nun vor, speichle seinen Hintereingang ein, lecke durch seine Ritze, sein Brummen ist lauter geworden. »Das bleibt unter uns, klar!«

»Mhm.«

Er spreizt seine Beine so weit wie möglich, ich bohre meine Zunge in sein Loch, seine Eier liegen auf meiner Nase, er wichst schneller, von draußen kommen Schritte näher, Albert zieht meinen Kopf hoch, umklammert seine Kanone mit beiden Händen. »Zunge raus!«, befiehlt er, hält mir sein Rohr zwischen die geöffneten Lippen, da geht es schon los, er spritzt ab, erheblich mehr als der andere, die Arschleckerei hat ihn richtig heiß gemacht, er röhrt und hechelt, während immer noch mehr und mehr Samen kommt, meinen Rachen füllt, bis ich schlucken muss, es würde sonst zu viel.

Ich sauge noch die letzten Reste aus Alberts Dödel, wichse mich selbst, ich werde bald kommen, das war eine geile Nummer. Ich spüre die Spitze des Lederschuhs von dem Kerl, der aus dem Lager zurück ist, an meinem Arsch, meinem Sack, ich rubble heftiger, da schießt es schon aus mir heraus, eine richtige Lache meiner Soße bildet sich auf dem grauen Linoleumboden.

Albert hat mir einige Papiertücher zugeworfen. »Mach deine Sauerei weg! Wenn irgendwer hier reinkommt, was soll der denken?« Er zieht sich an, während ich immer noch nackig hier rumstehe und mein Schwanz sich langsam abregt.

Sein Kollege deutet auf einen kleinen Wäschestapel. »Hier ist dein Zeug. Kannst du jetzt anziehen.«

Ich schlüpfe in die Sachen. Es ist grau, alles grau. Mausgrau. Eine Unterhose, ein T-Shirt, Socken, Hemd, Hose, Jacke. Schlappen und Schuhe. Gut, dass hier kein Spiegel ist, ich will mich so gar nicht sehen. »Ist das alles, was ich kriege?«

»Du kriegst alles mehrfach, muss ja mal gewaschen werden. In die anderen Sachen lasse ich deine Nummer einnähen. Du hast D82178. Merk's dir. Und pass auf, dass in das Zeug, das du jetzt anhast, Etiketten reinkommen, ehe du sie das erste Mal in die Wäsche gibst. Das sollen sie dir alles auf deiner Stube erklären.«

»Ich bin jetzt eine Nummer …« murmle ich. Die Realität hat mich wieder, mit voller Wucht. »D82178. Werde ich auch so angeredet?«

»Blödsinn, ich habe gesagt, du hast eine Nummer, nicht, du bist eine, wir sind doch nicht im Mittelalter. Das D zeigt, in welchem Flur du bist, das andere ist einfach eine Nummer. Komm schon, Kopf hoch. Du bist hier nicht unter Mördern und Totschlägern, die ganz schweren Jungs sitzen woanders ein. Und wenn dir mal langweilig ist, kannst du uns besuchen kommen. Du bist gut. Man merkt, dass es dir gefallen hat, da hat man selbst auch mehr Spaß. Du lutschst gern Schwänze, was?«

»Es wird wohl nicht an mir liegen, ob ich hierherkommen kann.«

»Wenn du dich benimmst, kannst du in einem gewissen Rahmen ein paar Freiheiten kriegen. Dann sagst du, du brauchst neue Unterhosen oder so und kommst.«

Die Tür geht auf, ein weiterer Uniformierter steckt den Kopf rein. »Ist der Neue schon fertig? Ich soll ihn zum Doc bringen.«

»Wir sind fertig, du kannst ihn mitnehmen. Er kommt zu den Russen.«

»Ich weiß. Direkt zu Oleg.«

»Gut, ich lasse seine Sachen nachher dahin bringen. Und du«, er wendet sich an mich, »weißt Bescheid. Wenn du neue Klamotten brauchst, komm zu uns.«

3. Arschkontrolle beim Doc

Mein Abholer, ein blonder Bodybuilder-Typ, führt mich einen langen Gang entlang, wir passieren mehrere Gittertüren, die er jeweils auf- und hinter uns wieder abschließt, begegnen anderen grauen und dunkelblauen Gestalten. Mir fällt auf, dass die Uniformierten zwar Handschellen, Pfefferspray und einen Schlagstock am Hosenbund befestigt haben, aber sonst offensichtlich keine Waffen.

»Tragen Sie hier gar keine Pistolen?«

Ein etwas mitleidiger Blick. »Du bist wohl das erste Mal hier?«

»Ja.«

»Das wäre viel zu gefährlich. Damit könnte einer von euch Gott weiß was anrichten. Natürlich könnten mehrere von euch einen von uns überwältigen, aber was hättet ihr davon? Nichts, außer Strafverschärfung, und sicher keine vorzeitige Entlassung. Wir vertrauen darauf, dass jedem klar ist, wer hier am längeren Hebel sitzt, und versuchen, natürlich im Rahmen der Möglichkeiten, halbwegs vernünftig miteinander umzugehen. Ihr habt alle irgendwas gemacht, das ihr nicht hättet tun sollen. Trotzdem muss man sich nicht gegenseitig das Leben unnötig schwer machen.«

»Aber ich habe gar nichts getan!«

Noch ein mitleidiger Blick. »Das kann ich nicht beurteilen. Ich halte Richter nicht für unfehlbar, auch wenn viele sich selbst so sehen. Ich hab mal ein paar Semester Jura studiert … Ich denke, es ist unwahrscheinlich, aber nicht ausgeschlossen, dass du schuldlos hier bist. Wenn es wirklich so ist, lass dir bloß nicht einreden, du müsstest dich mit deiner Tat auseinandersetzen, um sie verarbeiten zu können.«

Dieser Aufseher hat offensichtlich nicht nur Muskeln, sondern auch was im Kopf. Hoffentlich ist er nicht der Einzige, der so denkt.

Er bleibt an einer Türe stehen, klopft, wartet ein »Herein« ab, öffnet, lässt mir den Vortritt. Bis auf die vergitterten Fenster wirkt der Raum wie ein normales Arztzimmer. In einem weißen Kittel sitzt hinter einem Schreibtisch ein vielleicht vierzigjähriger Mann, Brille, volles, dunkles Haar mit einigen grauen Einsprengseln. Er tippt noch etwas in ein Notebook, klappt es zu.

»Bernd, hier ist unser Neuzugang«, meldet mein Begleiter. »Daniel Schuler.«

»Danke, Stefan. Bleib bitte da.«

Der Doktor wendet sich mir zu, schüttelt mir die Hand. »Hallo Herr Schuler. Bernd Volkmann. Bitte nicht falsch verstehen, aber ich kenne Sie noch nicht und kann Sie nicht einschätzen. Es wird jetzt nur um einige allgemeine Untersuchungen gehen. Ist es für Sie in Ordnung, wenn

Herr Schwarz heute dabei ist? Wenn Sie später ein Anliegen haben, können wir das unter vier Augen besprechen.«

»Schon in Ordnung.«

»Gut. Machen Sie sich bitte bis auf die Unterhose frei.«

Ich werde gewogen und gemessen, abgehört, mache Hör- und Sehtests, beantworte Fragen nach Nikotin-, Alkohol- und Drogenkonsum, Allergien, chronischen Krankheiten, regelmäßig eingenommenen Medikamenten, er nimmt mir Blut ab und schneidet mir noch einige Haare direkt an der Kopfhaut ab. »Wir können damit Ihren Drogenkonsum während der letzten Wochen und Monate testen.«

»Die Zeit habe ich in Untersuchungshaft verbracht.«

Er zuckt die Schultern. »Wir machen uns keine Illusionen. Es ist auch dort, genau wie hier, möglich, sich Drogen zu beschaffen. Und wie gesagt, ich kenne Sie nicht. Jetzt bitte auch noch die Unterhose ablegen.«

Ich stehe nackig da, er streift sich einen Gummihandschuh über und greift sich meine Hoden. »Husten, bitte.«

»Gut.« Er studiert meinen Schwanz genauer. »Ich sehe, Sie hatten gerade erst eine Ejakulation. Da ist noch Sperma.«

Ich möchte im Boden versinken, aber ehe ich irgendwas stottern kann, schaltet sich der blonde Aufseher ein. »Ich kann's mir denken. Die Fürsten haben ihn wohl rumgekriegt. In seinem Magen findet sich wahrscheinlich noch mehr Sperma.«

Warum tut sich vor mir kein Loch auf?

»War das einvernehmlich? Oder wurden Sie gezwungen? Möchten Sie das offiziell melden?«

»Nein … ich … äh … es war irgendwie … dazwischen …«

»Verstehe schon. Sind Sie homosexuell?«

»Ja.« So viel Selbstbewusstsein muss sein.

»Gut.« Er gibt mir ein Fläschchen, will eine Urinprobe, die ich an einem Pissoir hinter einer Schwingtür abgeben darf.

Danach winkt er mich zu einer Liege. »Stützen Sie sich jetzt mit den Ellbogen hier ab und spreizen Sie die Beine. Damit Sie hier nichts einschmuggeln, muss ich Sie jetzt noch rektal untersuchen.«

»Woher sollte ich denn was nehmen?«

»Vorschrift für jeden Neuzugang. Es muss sein. Bitte.«

Es ist jetzt richtig peinlich. Erstens ist mir unangenehm, dass sie davon wissen, was in der Kleiderkammer passiert ist, und zweitens soll ich diesem durchaus kompetent wirkenden Doktor meinen offenen Arsch hinhalten. Und dieser schlaue blonde Stefan Schwarz schaut auch noch zu.

Es hilft nichts. Ich tue, wie mir geheißen, spüre kühle Luft an Sack und Schwanz, im Augenwinkel sehe ich, wie der Doktor einen Zeigefinger in einen Vaselinepott steckt, während der Aufseher die Position wechselt, um besser zusehen zu können.

»So, Achtung, ich komme jetzt.«

Da ist der Finger schon drin, natürlich ist das kein Problem für mich, trotzdem kneife ich unwillkürlich mein Loch zusammen.

»Locker lassen. Hier ist nichts. Aber ich werde jetzt gleich noch die Prostata abtasten.«

Er fingert weiter in mir rum, tief in mir, erwischt einen

Punkt, bei dem es mir ungewollt ein Stöhnen entlockt, und ich merke, wie mein Pimmel anschwillt. Ich versuche, an was anderes zu denken, aber da ist dieser Finger in mir, und der Doktor weiß genau, wo er reiben muss, um meine Erektion zu verstärken.

»So. Alles in Ordnung. Aufstehen bitte.« Er zieht den Finger aus meinem Arsch.

Nun wird es noch peinlicher, denn nichts ist in Ordnung, und wenn ich mich jetzt aufrichte, sehen sie meinen Vollständer. Aber es hilft nichts ... ich stelle mich hin.

»Was denkst du, Stefan?«, fragt der Doktor.

»Ich denke, er ist geil. Saugeil sogar. Er will. Nicht wahr?«

Während der Medizinmann wieder an meinem Hintern rumfingert, grabscht Stefan nach meiner Hand und legt sie auf seinen Hosenlatz. »Willst du? Sag, dass du meinen Schwanz willst! Komm schon, sag!«

Statt einer Antwort gehe ich in die Knie, erschnüffle durch die Hose, was mich dahinter erwartet. Stefan öffnet seinen Gürtel, einen Knopf, einen Reißverschluss, schiebt sein Hemd hoch, ich zerre Hose und Slip nach unten, da ist er, der nächste Prügel, der mich besamen wird. Ich reiße schon den Mund auf, strecke die Zunge raus, doch Stefan zieht mich hoch. »Geh wieder so auf die Liege wie eben. Damit der Doc hinten besser dran kommt.«

Er selbst geht um diese Liege herum, ich packe mich wieder quer darüber und nun habe ich seinen Schwanz direkt vor der Schnauze. Er hat sein Schamhaar gestutzt, nur ein schmaler Streifen zieht von der Schwanzwurzel hoch zum Nabel, auch sein Sack ist blank, die Vorhaut bedeckt nur noch die Hälfte seiner Eichel, nun flutscht sie zurück, denn ich habe angefangen zu lecken und Stefans Nille hat sofort zugelegt, sein Pfeifenkopf liegt jetzt frei, glänzend, dunkelviolett, fast kugelrund, der Pissschlitz leicht geöffnet.

Mit dem spielt nun meine Zungenspitze, während ich merke, wie sich hinten Finger an meinem Arsch zu schaffen machen. Einer fährt meine Kimme entlang, verharrt an meinem Loch, ein sanfter Druck, es gibt schon nach, öffnet sich, der Finger dringt in mich, wie vorhin, ist wieder an diesem gewissen Punkt, jetzt stöhne ich lustvoll, halte mich nicht mehr zurück, genieße die Massage.

»Du hast ihn«, sagt Stefan, rammt mir zugleich seinen Kolben ganz tief in den Hals, »aber der verträgt noch mehr! Nicht wahr, du willst noch mehr im Arsch? Sag schon!«

Wie soll ich mit gestopftem Maul was sagen? Ich kann nur stöhnen, beuge mein Kreuz durch, strecke meinen Arsch raus. Da kommen ein zweiter Finger, ein dritter Finger, allmählich wird die Reizung auch für mein Loch selbst interessant, vor allem, wenn der Doc seine Knöchel durch meine Rosette schiebt. Mit der anderen Hand grabscht er nach meiner Rübe, natürlich ist sie stocksteif, und natürlich muss ich bei einigen Wichsbewegungen noch lauter stöhnen.

»Ja, da geht noch mehr«, kommt nun eine Stimme von hinten. »Gib mir deinen Stock. Ich will sehen, was er verträgt.«

Stefan bückt sich kurz, löst den Schlagstock von seinem Gürtel und reicht ihn nach hinten, ehe er mir wieder seinen eigenen Fickstock in den Mund steckt, den ich bis zum

Anschlag schlucke. Hinten pressen nun zwei Hände meine Arschbacken auseinander, mehrere Finger bohren sich in mich, spreizen mein Loch, ich spüre den Atem des Docs, er muss ganz nahe an mir dran sein. »Oh ja, der verträgt noch viel mehr. Der ist das gewohnt!«

Er lässt mich los, kommt auf Stefans Seite der Liege, den Schlagstock in der Hand. »Sieh mal, den werde ich dir jetzt in dein Arschloch stecken und du wirst winseln vor Lust. Ja, winseln wirst du, du Schwein!« Er hat den Kittel abgelegt und in seiner weißen Hose ist ein Mordsständer auszumachen, aber noch hat er nicht ausgepackt.

Vor der Dicke des Stocks ist mir nicht bange, das verkrafte ich, und als Doktor wird er wohl wissen, was an Länge möglich ist.

Er setzt schon an, die Spitze des Stocks ist abgerundet, es geht prima, die ersten Zentimeter sind drin, nun beginnt er mit Fickbewegungen, ein kleines Stück zurück, etwas mehr nach vorne, auf diese Weise treibt er mir das Gerät immer tiefer in die Eingeweide. Und ich winsle, ja, ich winsle vor Lust, Stefan hält meinen Kopf umklammert, rammt mir seine Latte immer wieder mit Schmackes in den Hals, und das Ding hinter mir kommt ihm von unten immer weiter entgegen. Jetzt dreht der Doktor das Teil in mir, ändert ein wenig die Richtung, in die er stößt, zugleich packt er meinen schon überreizten Sack und knetet meine Eier, was mich noch heftiger aufstöhnen lässt.

»Er ist bald so weit«, kommt es von hinten, und da entzieht mir Stefan sein Rohr, wichst sich selbst, ich lasse den Mund offen, erwarte seinen Abschuss. Eine Hand ist an meinem Schwanz, ich explodiere gleich, merke, wie mir der

Eierschleim hochkommt, da presst sich Stefan wieder in mich und entleert den Inhalt seines Sacks in mir, und noch während er meinen Kopf an sich drückt, schießt es aus mir heraus, wieder spritze ich einen See auf graues Linoleum.

Ich kann es nicht sehen, aber der Doktor hinter mir gibt sich die Faust, es dauert nicht lang, da landet seine Ladung auf meinen Arschbacken, zwischen denen immer noch der Holzstock steckt.

»Nehmt mir endlich das Ding raus, ich kann nicht mehr.« Mein Loch möchte sich schließen, aber da ist immer noch dieser Fremdkörper.

»Gleich, gleich.« Der Doktor schnaubt, aber ich merke, wie er langsam den Stock rauszieht, ein kurzer Schmerz noch, dann Erleichterung, ich schnaufe durch, lasse Kopf und Arme nach unten baumeln, höre Stefan an seinen Klamotten nesteln, ein Reißverschluss, eine Gürtelschnalle.

»Wischt mich doch ab!« Von meinem Hintern läuft die Soße meine Schenkel hinunter.

»Sofort. Ich messe noch.«

Was denn? Will der Doktor in meinem aufgetriebenen Loch jetzt noch Fieber messen? Kann ja wohl nicht sein!

»Zweiundzwanzig Zentimeter hattest du drin. Ganz ordentlich. So, jetzt.« Eine Hand streicht mit Papiertüchern über meine Rückfront und die Beine hinunter. »Du kannst aufstehen.«

Ich richte mich auf, muss mich strecken, tappe dabei mit einem Fuß in meine eigene Soße. »Verdammter Mist!«

Der Doc lacht, gibt mir eine Kleenex-Box. »Hier. Und dann zieh dich an.«

Während ich wieder mein Knast-Outfit anlege, muss ich doch was fragen. »Sind hier eigentlich alle schwul? Oder was ist hier los?«

»Ich bin nicht schwul«, sagt Stefan. »Und die meisten anderen auch nicht.«

»Du bist nicht schwul? Also, entschuldige, aber grade …«

»Nein. Ich finde es einfach geil, einen geblasen zu kriegen, von jemandem, der das wirklich will. Und du wolltest, sonst hätte ich nicht mitgemacht. Ich zwinge keinen, nur weil ich eine gewisse Machtposition habe. Und, Daniel, das ›Du‹ ist nur okay, wenn wir unter uns sind. Sonst sagst du ›Herr Wachtmeister‹ oder ›Herr Soundso‹, wenn du den Namen weißt. Wir legen keinen Wert darauf, dass die Kollegen mitkriegen, wer vielleicht welchen Häftling besser kennt. Ich bringe dich jetzt in deine Zelle. Die anderen werden dir schon sagen, was du so wissen musst.«

Ich verstehe. Natürlich gibt es eine Hierarchie zwischen Wärtern und Häftlingen. Geht ja gar nicht anders.

Der Doktor hält mir zum Abschied wieder die Hand hin. »Alles Gute, Daniel. Wenn mit deinen Laborwerten was Auffälliges ist, melde ich mich. Ansonsten kannst du dir einen Termin bei mir geben lassen, wenn was anliegt.«

4. Hausordnung im Bau

Weitere Gänge, ein Treppenhaus, immer wieder Gittertüren. Kaltes Licht.

»Sei froh, dass du zu den Russen kommst. Da geht es ziemlich zivilisiert zu. Keine Drogen. Halt dich davon bloß fern!«

Drogen haben mich nie interessiert, ich rauche ja nicht mal. Trinke selten Alkohol. Meine Droge ist Sex. Davon kann ich nie genug kriegen. Und deshalb bin ich jetzt hier.

»Was heißt ›ich komme zu den Russen‹? Ist das hier nach Ländern geordnet?«

»Soweit möglich und sinnvoll, ja. Es gibt Leute, die vertragen sich einfach nicht. Was denkst du, was hier los wäre, wenn wir etwa Türken und Kurden zusammenlegen würden? Oder Serben und Kroaten? Da wäre jeden Tag Rambazamba, darauf kannst du Gift nehmen. So, wir sind gleich da. Nur noch diese Tür. Letzter Ratschlag: Stell dich gut mit Oleg.«

In dem Gang, in den wir jetzt kommen, stehen die Türen alle offen, einige Gefangene unterhalten sich auf dem Flur, mustern mich unverhohlen. »Ist Oleg da?«, fragt mein Begleiter. »In seinem Zimmer«, kommt eine Antwort.

Stefan dirigiert mich zu einer der Zellentüren, will mich in den Raum hineinschieben, doch ich bleibe wie angewurzelt stehen. Da sitzt einer breitbeinig auf einem Tisch, von der Physiognomie her ein Russe, oder zumindest Slawe. Dass der auf dem Tisch statt auf einem Stuhl sitzt, wäre zwar komisch, würde mich aber nicht zögern lassen. Doch er ist untenrum nackt, die graue Hose hängt nur noch an seinem rechten Fuß, und vor ihm kniet einer, der ihm ganz eindeutig einen Blow-Job gibt, auch wenn ich natürlich nur einen grauen Rücken und einen dunklen Haarschopf sehe.

Stefan schaut an mir vorbei, findet den Anblick anscheinend nicht sonderlich ungewöhnlich und drängt mich in die Zelle.

»Hi Oleg, hier ist euer Neuer. Kümmert euch um ihn und passt auf ihn auf, er ist ganz neu. Ich hole ihn morgen wieder ab.«

»Ist gut Steff, wir passen auf, musst dir keine Sorgen machen. Bis morgen.«

Aha. Das mit dem »Sie« für das Personal gilt wohl nicht für alle Gefangenen.

Ich schaue in eine Ecke. Ich will nicht sehen, wie Oleg sich bedienen lässt.

»Wie heißt du?«

»Daniel.«

»Komm her und kuck zu! Musst du auch lernen! Und du mach weiter!«

Er gibt dem vor ihm Knienden, der seine Tätigkeit eingestellt hat, als wir hereingekommen sind, eine leichte Kopfnuss, worauf der wieder anfängt und sein Kopf auf und ab geht.

Ich trete zögernd näher, und als ich in die Reichweite von Olegs Armen komme, packt er mich am Handgelenk und zerrt mich zu sich.

»Kuck gut zu!«

Er rutscht vom Tisch, greift sich den Kopf des Bläsers und fickt ihn jetzt ins Maul, richtig heftig, und weil ich mich nicht mehr traue wegzuschauen, sehe ich zwangsläufig die Größe dieses Russenpimmels. XL, mindestens. Der andere hat jedenfalls Probleme mit dem Schlucken dieses Formats, doch er kommt nicht aus, er klammert sich an Olegs Schenkel und lässt sich benutzen.

»Kuck mich an!«

Oleg starrt mich mit stahlblauen Augen an und ich versuche krampfhaft, den Blick zu halten, während er auf seinen Orgasmus zusteuert. Ich als Zuschauer mache ihn offensichtlich an, und er hat das Tempo, in dem er in die Maulfotze des anderen vögelt, noch gesteigert.

»Da ... da ... da ... oaaahhh.«

Er röhrt lautstark los und es stört ihn eindeutig nicht, dass der ganze Flur mitkriegt, mitkriegen muss, dass er hier gerade gekommen ist.

Vielleicht eine Minute vergeht. »Gut, Fabian.« Ein Lob für den Bläser. »Erzähl dem Neuen alles, was er wissen muss. Ich muss noch was erledigen. Business.«

Oleg hat einen Akzent, aber sein Deutsch ist sehr gut.

Er schlüpft wieder in seine Hose, reckt mir dabei einen ganz hellen, behaarten Arsch entgegen, zieht noch die Schuhe an und verschwindet.

Kaum ist er draußen, stürzt der andere zu dem Waschbecken an der rechten Wand und spült sich den Mund aus.

»Widerlich! An den Geschmack von Wichse gewöhne ich mich nie!«

»Wieso machst du es dann? ... Bist du schwul ... oder zwingt er dich dazu?«

Der andere starrt mich an. Er dürfte mein Alter haben, etwas größer, schlaksig. »In welcher Welt lebst du? Ich bin nicht schwul und er muss mich nicht zwingen. Ich weiß, was ich zu tun habe, wenn er was will.«

»Aber ... wenn du dich an einen Wachtmeister wendest?«

»Es war doch gerade einer da. Hat es ihn interessiert? Wenn du dich beschwerst, kommst du vielleicht in einen anderen Trakt. Aber es wird sich rumsprechen, warum. Und das wäre nicht gut. Kapiert?«

Ich schaue wohl ziemlich entsetzt.

»Ich sehe, du hast keine Ahnung, was hier läuft. Richtig?«

»Ja.«

»Okay. Also, setzen wir uns und du hörst erstmal zu. Ich bin Fabian und wohne in der Zelle nebenan. Es ist hier nicht so schlimm, wie du jetzt vielleicht denkst. Solange in diesem Flur keiner Ärger macht, lassen sie uns gewisse Freiheiten, zum Beispiel sind tagsüber die Zellentüren geöffnet und wir werden nur nachts eingeschlossen. Oder sie lassen dich ziemlich problemlos in die Bücherei, oder zum Doktor, oder Ähnliches. Oder wir können duschen, wann wir wollen. Du solltest nichts tun, was das alles aufs Spiel setzt, sonst kriegst du gewaltigen Ärger. Hier, unter uns. So weit verstanden?«

»Ja.«

»Gut. Den normalen Tagesablauf wirst du bald mitbekommen. Irgendwann die nächsten Tage wird der Direktor mal mit dir reden, vielleicht auch ein Sozialarbeiter, man wird dir eine Arbeit zuteilen. Du kannst Wünsche äußern, aber es kommt auch darauf an, wo sie gerade jemand brauchen und was du schon kannst. Das spielt sich ein. Es ist eng hier, weil auch dieser Knast überbelegt ist. Eigentlich sind diese Zellen für zwei gedacht, aber sie haben Stockbetten reingestellt und nun sind sie eben für vier. Man muss schon aufpassen, dass man sich nicht gegenseitig auf den Geist geht. Jede Zelle hat eine Toilette« – er deutet auf eine hölzerne Schiebetür –, »aber die solltest du tunlichst nur zum Pinkeln benutzen, die Tür schließt nicht wirklich. Am Ende des Gangs bei den Duschen sind auch welche. Weiter. Die Wärter sind in Regel okay. Manche werden dich anmachen, aber darauf musst du nicht eingehen, wenn du nicht willst, denn die kriegen massiven Ärger, wenn so was hochkommt. Das riskieren sie nicht. Kann natürlich auch sein, dass sie dir mal einen Gefallen tun, wenn du ihnen einen bläst oder den Arsch hinhältst. Musst du selbst wissen, ob es dir das wert ist.«

»Sind die schwul?«

»Keine Ahnung. Manche haben wohl keine Freundin und suchen einfach ein Loch.«

»Mir sind heute schon ein paar begegnet, die was wollten.«

»Kann ich mir denken. Die Fürsten in der Kleiderkammer und der Doktor probiert es auch bei jedem.«

Ich starre ihn verdattert an. »Wieso Fürsten? Der Doktor?«

»Schau nicht so. Ja, beim ›Empfang‹ Albert und Rainer. Wie in Monaco der jetzige Fürst und der vorherige. Jeder von uns hier war schon bei denen Klamotten holen und jeder war schon beim Doc. Also weiß jeder, was die so versuchen. Das ist hier eine geschlossene Gesellschaft und so was spricht sich rum. Außerdem haben die Wände Ohren. Musst du immer bedenken, wenn du was sagst oder machst. Klar?«

»Ja.«

»Gut. Jetzt das Wichtigste: Oleg ist der Chef. Nicht nur in diesem Flur, im ganzen Bau. Das musst du anerkennen. Deshalb wollte er vorhin auch, dass du zusiehst. Damit dir das nämlich gleich klar ist. Und er weiß alles von jedem. Wie er das macht, weiß ich nicht, aber es ist so. Lüg ihn auf keinen Fall wegen irgendwas an! Er wird es rauskriegen und dann wird er sehr unfreundlich. Außerdem hat er was gegen Drogen, ich glaube, sein Bruder ist daran gestorben. Im ganzen Bau kann er es nicht verhindern, aber dieser Flur ist clean. Also lass es. Er kann hier weitgehend machen, was er will, hat zum Beispiel ein Smartphone, ich weiß nicht, warum sie ihm das durchgehen lassen. Du solltest nicht fragen. Auch nicht, warum er hier ist oder welches ›Business‹ er betreibt, auch von hier aus. Wenn du etwas nicht mitkriegen sollst, reden sie sowieso russisch. Und welche Rolle du oder ich hier spielen, ist schon wegen unseres Alters und unserer Statur klar, oder? Wir hätten keine Chance. Also wehr dich erst gar nicht, wenn sie dich bumsen wollen, es hat keinen Zweck. Du gewöhnst dich daran. Mir ist es inzwischen fast lieber, einer fickt mich in den Arsch, als dass ich seine Wichse schlucken muss.«

»Gut, dass ich das weiß!«, kommt eine Stimme von draußen.

»Ach, Niko, du hast doch schon immer lieber gebumst!«

Gelächter aus dem Flur.

»Ist dir das nicht peinlich?«, frage ich. »Ich meine, dass hier jeder mitkriegt, dass du Oleg geblasen hast, und das jetzt und …«

»Also Schamgefühl und Privatsphäre kannst du hier vergessen, dafür sitzen wir viel zu eng aufeinander. Jeder hat jeden schon nackig beim Duschen oder beim Pissen gesehen und selbst die, die stockhetero sind und keinen anderen anfassen, müssen schließlich irgendwo wichsen. Wenn du das nicht immer nur auf dem Klo machen willst, hast du Zuschauer. Also haben viele einander auch schon mit einem Steifen gesehen. Es kursieren Pornohefte, die als Wichsvorlage weitergereicht werden. Und wenn abends in den Zellen was läuft, sind auch immer noch zwei andere dabei. Oder beteiligt.«

»Das ist hier … normal? Ich meine … überall? Jeder?«

»Nicht jeder. Aber was hast du erwartet? Ein Kloster? Obwohl …« Er kichert.

»Nein. Aber ich …«

»Du gewöhnst dich daran. Nach dem Einschluss ist es

in den Zellen langweilig und irgendwie muss man sich die Zeit ja vertreiben. Der eine holt sich selbst einen runter, andere lassen sich von jemandem wie dir oder mir bedienen. Jeder hier weiß, dass ich in den Arsch gefickt werde. Soll ich deshalb den ganzen Tag mit rotem Kopf rumlaufen und auf den Boden starren und mich schämen? Es weiß auch jeder, dass du spätestens morgen keine Jungfrau mehr sein wirst. Du kannst dich darauf einstellen, dass dich heute, quasi zum Einzug, alle hernehmen werden. Ist so eine Art Tradition.«

Ich glaube, ich werde käseweiß. »Alle … ? Der ganze Flur?« Mir wird schwummrig.

»Nein, ich sagte doch ›nach dem Einschluss‹. Alle hier in der Zelle. Oleg und seine Kumpel. Mischa und Alexej. Sie werden dich bumsen. Stell dich drauf ein.«

»Drei Mann … womöglich jeden Abend … und tagsüber?«

»Hast du meist deine Ruhe. Die Leute arbeiten, und da sind Aufseher dabei. Du musst nicht jeden an dich ranlassen. Es kann aber sein, dass jemand, von dem Oleg was braucht, als Gegenleistung deinen Arsch will. Dann wird er dich zu ihm schicken. Das kann einer von uns sein oder ein Wärter.«

»Er ist also so was wie mein … Zuhälter?«

Schulterzucken. »Eher Aufpasser. Oder Chef. Er verkauft dich nicht für Geld. Es sind gegenseitige Gefälligkeiten. Eine davon kannst du sein.«

»Und wenn ich … wenn ich das nicht will?«

»Manchmal lässt er mit sich reden. Er ist einigermaßen fair und behandelt alle ziemlich gleich, auch wenn er natürlich ein paar spezielle Kumpane hat. Wenn du aber gar nicht mit ihm zusammenarbeitest, wird er dafür sorgen, dass du verlegt wirst. Das solltest du vermeiden, denn es gibt hier Flurcapos, die sind richtige Sadisten und die scheren sich überhaupt nicht um deine Befindlichkeiten und lassen zum Beispiel dich für sie einkaufen. Oder du könntest zu den Moslems kommen, die dann nachts um drei anfangen zu beten. Oder zu den Junkies, das wäre noch übler. Wenn die durchdrehen, weil sie keinen Stoff kriegen … Glaub mir, hier hast du's relativ gut getroffen.«

»Dafür, dass ich unschuldig bin, hab ich's ungemein gut getroffen, ja. Und habe ich das richtig verstanden: Oleg könnte dafür sorgen, dass ich verlegt werde?«

»Ja. Ich sagte doch, er ist der Chef.«

5. Der erste Abend

Stimmt, ich bin der Chef.« Oleg tritt in die Zelle. »Hast du ihm alles gesagt?«

»Ja, das meiste sollte er wissen«, antwortet Fabian. »Gut.« Oleg schaut auf die Uhr. »Reden wir später weiter.«

Er weist auf eines der oberen Betten. »Das ist deins. Hast du schon Wäsche?«

»Nein, äh, Albert wollte das noch bringen lassen.«

»So. Gut, warten wir. Ich muss noch was tun.« Er zieht ein Smartphone aus der Tasche. »Fabian, zeig ihm die Küche und die Duschen und die Kollegen, die schon hier sind.«

Auf dem Flur stellt mich Fabian einigen Mitinsassen vor. Viele slawische Namen, einen Teil kann ich überhaupt keiner Sprache zuordnen, schwierig zu merken, und die Einheitskluft macht es nicht leichter. Am Ende des Gangs ein Aufenthaltsraum, den Fabian als »unser Wohnzimmer« bezeichnet, mit einem Kicker, Tischen, einigen Brettspielen, Kühlschrank, Spüle, Wasserkocher, altertümliche Kaffeemaschine. Gegenüber ein größerer Sanitärbereich mit Toiletten, Pissoirs und daneben eine Umkleide und zehn oder zwölf Duschen in einem großen Raum.

»Hier geht manchmal auch was ab.«

»Was?«

»Na ja, wenn hier ein Dutzend Nackter duschen … ist doch klar.« Er zuckt die Schultern. »Mehr kann ich dir nicht zeigen. Gehen wir zurück.«

»Deine Sachen sind gekommen.« Oleg deutet auf einen Stapel und eine Plastiktüte auf einem Stuhl. »Kannst dein Bett beziehen. Den Rest hier einräumen.« Fingerzeig zu einem Spind.

Zwei Stockbetten stehen L-förmig in einer Ecke, Fußenden zusammen, vier Spinde neben der Tür.

Fabian trollt sich, ich kümmere mich um das Bett und den Rest. Ein paar Sachen von draußen hat man mir gelassen. Zahnbürste. Rasierer. Kamm. Wieder ein Moment, in dem ich heulen könnte.

Oleg macht den Eindruck, als möchte er in Ruhe gelassen werden und wischt und tippt auf seinem Dings rum. Ich störe ihn lieber nicht, lege mich auf mein Bett und starre an die Decke.

Zwei Typen kommen rein, palavern russisch, haben mich noch gar nicht gesehen, bis Oleg nach oben zu mir deutet und irgendwas sagt. Ich verstehe nur »Daniel«, stoße mir beim Aufsetzen gleich den Kopf, Gelächter, als ich runterklettere.

Die beiden sind Mischa und Alexej, Olegs Kumpel. Die mich heute wahrscheinlich noch bumsen werden. Beide vielleicht dreißig, dunklere Typen als Oleg, kleiner als er, aber stämmig, vor allem bei Mischa sprengt es fast das

T-Shirt. Er hat seine langen Haare zu einem Pferdeschwanz gebunden, Alexej ist fast kahl. Ihr Deutsch ist nicht so gut wie das von Oleg, aber verständlich. Sie verschwinden zum Duschen, und als sie wiederkommen, meint Oleg, es sei noch eine Stunde bis zum Essen, das wäre genug Zeit, um sich zu unterhalten, und wir sollten uns setzen.

Ich fürchte ich weiß, was jetzt kommt, und gleich mit Olegs erster Frage bestätigen sich meine Befürchtungen. »Warum bist du hier?«

Ich habe vorhin überlegt, wie ich reagieren soll. Es hat keinen Sinn zu lügen. Irgendwann wird er es auf jeden Fall erfahren.

Ich schließe die Augen. Öffne sie. Hole Luft. »Ich soll jemand missbraucht haben. Aber das stimmt nicht.«

Kurze Stille. Dann springt Oleg auf, packt mich an der Brust am T-Shirt, reißt mich hoch, mein Stuhl kippt nach hinten weg und er presst mich mit einer Hand gegen die Wand, schreit mich an:

»Du verdammtes Schwein hast eine Frau vergewaltigt!«

»Nein! Es ist nicht wahr!«

Er starrt mich an, allein seine Augen würden mich an dieser Wand hier festnageln. Seine zweite Hand packt in meinen Schritt, greift meinen Sack. Ich atme scharf ein, aber ich schreie nicht. Ich starre zurück. Er ist zumindest überrascht, dass ich nicht mal blinzle, mustert mich, sieht das Loch in meinem Ohrläppchen.

»Bist du schwul?«

»Ja!«

»Hast du einen Jungen vergewaltigt? Lüg mich nicht an! Ich zerquetsch dir die Eier!«

»Nein!« Ich packe es kaum noch, doch ich halte seinen Blick. Ewig.

Er drückt mich weiter gegen die Wand. »Rede! Was war?«

Trotz der Angst rede ich und rede, sehe Oleg stets in die Augen, halte mich genau an das, was wirklich war, und versuche, nicht das Kleinste zu vergessen, will mich auf keinen Fall in Widersprüche verwickeln. Mir ist jetzt sehr bewusst, um was es geht: ob das hier die Hölle wird oder »relativ gut«.

Ich bin fertig. Warte.

»Du bist in den Park gegangen, um zu ficken?«

»Ja.«

»Schlampe! Hock dich hin!«

Mischa und Alexej haben nichts gesagt, aber ich denke, sie haben alles verstanden. Und draußen auf dem Gang auch alle. Die Zellentür steht offen und da sind viele Gesichter, darunter Fabian, leichenblass.

Sie unterhalten sich jetzt auf Russisch, sehen mich immer wieder an, ich schaue jedem in die Augen, habe das Gefühl, es beeindruckt sie, dass ich das schaffe.

Mischa hakt nach, fragt, wie lang mich ein jeder gefickt hat, wie lang die Schwänze waren, ob mir das gefallen hat. Fabian hat recht, hier ist der falsche Ort für Schamgefühl.

Alexej fragt, warum ich nicht zur Polizei gegangen bin.

»Es war mir zu peinlich.«

Nach einer Pause will Oleg wissen, ob ich's auch für Geld gemacht habe.

»Nein. Ich bin keine Nutte.«

»Was bist du?«

»Ich bin schwul. Aber das ist kein Verbrechen.«

Mischa und Alexej nicken. Oleg sieht mich wieder lang an. »Die haben dich reingelegt. Ich glaube dir.«

Mein Kopf fällt auf die Tischplatte. Es schüttelt mich. Ich heule, nicht vor Schmerz, vor Erleichterung. Auf diesen Satz habe ich Monate gewartet.

Fabian kommt rein. »Lass mich zu ihm!«

»Gut, wir gehen.« Oleg winkt Mischa und Alexej, sie lassen uns allein, ziehen sogar die Tür hinter sich zu.

Fabian legt mir einen Arm um die Schulter. »Geht's? Einigermaßen?«

Ich sehe ihn mit verquollenen Augen an. »Es geht.« Ich versuche, mich einzukriegen, aber es dauert.

Fabian redet jetzt leise. »Als du gesagt hast, warum du bei uns bist, hatte ich Angst um dich. Er hätte jeden über dich drüber gelassen. Vergewaltiger gelten hier als das Letzte. Schwule sind auch nicht sonderlich gut angesehen, aber das andere wäre viel, viel übler. Du hast dir jetzt sogar Respekt verschafft, weil du ihm standgehalten hast. Schlimm mit deinen Eiern?«

»Nein. Danke, dass du hier bist.« Ich drücke ihn.

Geklapper von draußen.

»Es gibt Essen«, sagt Fabian. »Wenn möglich, komm mit raus. Damit dich alle sehen.«

Ich wische mir noch mal über die Augen, dann gehen wir. Bestimmt an die dreißig Gefangene warten auf ihr Essen, das jemand aus stählernen Kesseln verteilt. Alle Blicke richten sich auf mich, Oleg winkt mich zu sich, klopft gegen irgendwas, »Alle mal zuhören!« Es wird ruhig.

»Das ist Daniel.« Er legt mir eine Hand auf die Schulter. »Er sagt, er ist unschuldig hier. Wir glauben ihm. Er gehört jetzt zu uns.« Dann redet er russisch, wiederholt vermutlich. Dann drückt er mir eine dampfende Schüssel, einen Löffel und eine Scheibe Brot in die Hand. »Komm!«

Wir sitzen zu viert am Tisch unserer Zelle, löffeln Kartoffelsuppe mit Würstchen.

»Ihr seid die Ersten, die mir glauben. Danke. Ihr wisst gar nicht, wie wichtig mir das ist.«

»Doch, wissen wir.« Oleg leert seine Schüssel. »Iss auf und dann komm mit. Wir gehen duschen.«

Er will nicht bis zum Einschluss warten. Er will mich jetzt schon.

Ich packe meine paar Kultursachen, ein Handtuch, folge ihm.

Wir ziehen uns im Vorraum aus, Oleg ist ein ganz heller Typ, überall gut behaart, wegen der blonden Farbe fällt das aber erst auf den zweiten Blick auf. Fast ein Kopf größer als ich, nicht so muskulös wie Stefan, aber ein durchtrainierter Body. Und er hat einen ausgesprochen langen Schwengel.

Zwei andere Typen duschen schon, mustern mich. Bin gespannt, ob sie bleiben, sie werden wissen, ob Oleg das will.

Wir waschen uns die Haare, Arme, Beine, Geschlecht, allein wegen des warmen Wassers ist Olegs Pimmel schon gewachsen. Die anderen sind noch da. Beobachten uns. Tun gar nicht so, als ob sie noch duschen würden. Oleg steht auf Zuschauer. Kein Platz für Schamgefühle.

»Wasch mich hinten!«

Ich nehme Gel, fange in seinem Nacken an, er lässt seine Muskeln spielen, während ich ihm die Schultern einseife, weiter hinunter, die Wirbelsäule entlang, die Lenden, seinen Hintern fasse ich nicht an. Womöglich wäre ihm das zu schwul.

»Weiter! Meinen Arsch!«

Neues Gel. Ich fange vorsichtig an, streiche über seine Hinterbacken, ein Traumarsch, auf der Straße würden ihm die Schwulen hinterherlaufen. Ich taste mich vor in seine Ritze, er macht die Beine etwas breiter, das nehme ich als Aufforderung, fahre mit den Fingerkuppen über sein Loch, natürlich nur darüber, greife mit meinen Glitschhänden von hinten nach seinem Sack.

»Genug!« Sofort sind meine Hände weg.

Oleg beugt sich nach vorne, stützt sich an der gefliesten Wand ab, streckt seinen Hintern raus. »Leck mir den Arsch!«

»Ja, Chef!«

Und ich knie mich hinter ihn und lecke, er hätte es gar nicht zu befehlen brauchen, dafür ist sein Arsch viel zu geil. Meine Nase gräbt sich in seine Kimme, trotz des Duschgels riecht er nach Mann, nach geilem Mann, meine Zunge fährt seine Furche entlang, ertastet sein Loch. Ich nehme die Hände zu Hilfe, spreize seine Backen, er öffnet sich, ich komme mit der Zunge hinein, geiles Stöhnen von Oleg, da sehe ich kräftige Oberschenkel neben mir und ahne eine wichsende Hand, einer der Spanner ist näher gekommen, holt sich einen runter, während ich weiter lecke, bis sich der Geschmack von frischer Wichse ins Duschwasser mischt. Der andere muss auf Olegs Rücken abgeschossen haben, von da ist seine Soße in die Spalte gelaufen, und an Olegs Arschloch bei mir gelandet. Ich sauge mir das Zeug ein, die Beine neben mir entfernen sich, ich fasse nach vorne, erwische eine Mordslatte, jetzt lecke und wichse ich, muss aufpassen, dass mir nicht allein davon einer abgeht. Meine Hand an Olegs Rohr wird schneller, er lässt mich machen, drückt sein Kreuz noch mehr durch, reckt den Arsch raus, und ich wichse und wichse ihn, bin kurz davor, einen Krampf in der Hand zu kriegen. Als er sich abrupt umdreht, habe ich eine vor Geilheit zitternde Latte vor meinem Gesicht, und kaum haben sich meine Lippen darum geschlossen, presst Oleg meinen Kopf an sich, meine Lippen sind in seinem dichten Schamhaar und sein Schwanz fängt an zu spucken, hinten in meinem Rachen, von seinem Geschmack kriege ich nichts mit, es landet alles direkt in meinem Schlund.

Ich will mich selber fertig machen, hoffe, er lässt mich an seinem Dödel nuckeln, doch er entzieht sich mir, dreht meinen Kopf, da ist nun noch ein steifer Schwanz, er pumpt bereits, wird gleich explodieren, ich reiße den Mund auf und da saut mich der andere schon ein, spritzt in meine Schnauze, und ich sauge und sauge an ihm, auch als schon nichts mehr kommt, wichse mich wie besessen, bis endlich die Erlösung naht, das Sperma aus mir herausschießt und dann im Abfluss verschwindet.

Der zweite Spritzer verlässt uns, Oleg ist noch da.

»Bist ein guter Arschlecker. Aber Fabian hat dir schon gesagt, was Mischa, Alexej und ich heute noch wollen. Bereite dich vor!«

Er geht, und ich bereite mich vor.

6. Einstandsficks

Fabian wartet im Flur und zieht mich in eine ruhige Ecke, spricht sehr leise.

»Ich habe euch zugesehen. Macht dir Arschlecken wirklich Spaß?«

»Kommt auf den Arsch an. Bei ihm, ja. Es ist saugeil, probier's aus.«

»Spinnst du? Ich hoffe, du hast die jetzt nicht auf die Idee gebracht, dass ich das auch machen soll. Das ist ja noch schlimmer als Wichse schlucken.«

»Wenn du willst, mach ich's dir mal.«

»Daniel, ich bin nicht schwul!«

»Denkst du, Oleg ist schwul? Dem hat's gefallen.«

Er sieht sich panisch um, aber es ist niemand in der Nähe. »Spinnst du? Stell diese Frage bloß nie laut, kapiert! Du bist ja völlig verrückt!«

»Okay, aber was denkst du?«

»Keine Ahnung, wirklich. Er ist eben der, der die andern fickt. Woher soll ich wissen, ob er's draußen auch mit Männern macht?«

»Gut, ich werde ihn nicht fragen. Aber gibt es hier andere Schwule?«

»Weiß ich auch nicht, vielleicht hast du einen besseren Blick dafür. Geoutet hat sich jedenfalls keiner. Du konntest nicht anders, ansonsten hätte ich dir auch abgeraten. Es werden bald alle wissen und du wirst blöde Sprüche hören.«

»Ist zumindest besser, als wenn alle denken würden … du weißt schon.«

»Ich weiß, und dazu wollte ich dir auch noch was sagen: Oleg wird dafür sorgen, dass dich niemand als Vergewaltiger behandelt, da musst du dir keine Sorgen machen. Es wird aber jeder wissen, dass du schwul bist. Und auch, was grade in der Dusche passiert ist. Dass man sich also von dir zumindest einen blasen lassen kann. Ob er deinen Arsch auch für den ganzen Flur freigibt oder nur für seine Zelle und für andere bei besonderen Gelegenheiten, weiß ich nicht. Wenn ich ehrlich bin, hoffe ich, dass du mir möglichst viele ›Kunden‹ abnimmst.«

»Versteh dich … wenn du nicht schwul bist … übrigens, Oleg wusste, dass du gesagt hast, die aus der Zelle würden mich heute noch bumsen.«

»Ich sag doch, er weiß alles, und die Wände haben Ohren.«

»Scheint so … wer waren eigentlich die zwei in der Dusche?«

»Die Ivos. Serben. Heißen beide Ivo. Durchschnittlich nett oder unnett, wie du willst. Hast du Angst vor heute Nacht?«

»Nein, jetzt nicht mehr. Drei verkrafte ich.«

»Na dann …« Er blickt den Flur entlang. »Wir werden jetzt eingeschlossen. Soll ich dir ›Viel Vergnügen‹ wünschen? Bis morgen, gute Nacht.«

Ein Wärter, den ich noch nicht kenne, sperrt das Gitter zu unserem Flur auf und hinter sich gleich wieder ab, klatscht in die Hände, ruft »Feierabend! Geht in eure Zellen!«

Oleg kommt heraus, wechselt mit ihm leise ein paar Worte, deutet auf mich, der Wärter kuckt zweifelnd, doch Oleg scheint zu insistieren, bis der andere schließlich nickt.

Ich gehe schon mal in unsere Zelle, warte, bis die anderen auch kommen. Der Wärter wirft noch einen Blick herein, prüft die Belegung mit vier Mann, mustert mich, nickt mir sogar zu, ich muss mich bemühen, ihn nicht zu auffällig anzustarren, er hat was entschieden Dominantes an sich in seiner Uniform. Schließlich dreht sich der Schlüssel im Schloss und ich lasse es jetzt auf mich zukommen. Meine Zellengenossen sind durchaus attraktiv, und Angst habe ich nicht.

Zunächst passiert gar nichts. Wir sitzen am Tisch, die drei unterhalten sich auf Russisch, werfen mir zwar mal einen Blick zu, sprechen mich aber nicht an, und ich starre Löcher in die Luft. Irgendwann wird es mir zu doof und in einer Gesprächspause schalte ich mich ein.

»Entschuldigt, ich verstehe ja, wenn ihr euch in eurer Sprache unterhalten wollt, aber mir ist langweilig. Hat einer von euch vielleicht was zum Lesen für mich?«

»Er will lesen!«, wiehert Mischa. »Hab was für dich!«

Er wühlt in seinem Spind, wirft mir was hin. Ein Sex-Heft, vollbusige Weiber auf dem Titelblatt. Ich schiebe es weg.

»Du weißt doch, dass mich das nicht interessiert.«

»Gar nicht?«

»Nein, gar nicht.«

»Was interessiert dich?«

»Männer. Das wisst ihr doch. Wir müssen nicht um den heißen Brei herumreden. Mir ist klar, was ihr mit mir vorhabt.«

Oleg schaltet sich ein. »Daniel, wir haben über dich gesprochen.«

»Was? Meinen Namen hab ich nicht gehört.«

»Natürlich nicht. Wir haben ›der Schwule‹ gesagt.«

Ich kapiere. Sie werden mich, wenn sie wollen, immer über die Sprache ausschließen können. Wieder so ein totaler Scheiß-Moment. Soll das drei Jahre so laufen?

»Verstehe. Kann ich ins Bett gehen oder wollt ihr noch was von mir?«

»Warte doch, dir ist gleich nicht mehr langweilig! Wir wollen noch was von dir! Darüber haben wir geredet. Zieh dich aus und zeig uns, dass dich Männer interessieren! Die anderen halten nur den Arsch hin, wenn wir sie ficken. Zeig uns, dass du willst!«

Ich mache mich nackig, lege alle meine Klamotten auf einen Stuhl, nur die Socken lasse ich an, der Boden ist kalt. Ich bücke mich dabei so, dass ich ihnen meine Kehrseite zuwende, mein Arsch interessiert sie sicher mehr als mein Schwanz.

Sie erwarten alle drei, dass ich mich um sie kümmere, dafür müssen sie zusammenrücken. »Stellt euch mal alle drei da an die Wand, eng zusammen.«

Oleg geht in die Mitte, legt seine Arme um die Schultern seiner Kumpel, und ich gehe vor ihnen auf die Knie, presse mein Gesicht in Olegs Schritt, fasse mit den Händen ans Gemächt der anderen beiden, drücke und reibe und wetze an drei Schwanzpaketen, sie müssen schon leicht angegeilt gewesen sein, so prompt wie sie reagieren. Alle drei werden schnell hart, und Alexej will gleich seine Hose öffnen, doch ich halte ihn auf. »Warte. Ich mach das schon. Habt ihr alle Unterhosen an?«

Dreistimmiges »Ja.«

Ich taste nach den Zippern von allen drei Reißverschlüssen, nehme den von Oleg zwischen die Zähne und öffne sie langsam alle drei, wühle mich mit den Händen in die Hosenschlitze rechts und links, ertaste steife Latten in den Unterhosen, in der Mitte nutze ich meine Nase, um den Spalt vor mir zu vergrößern, fühle etwas Pralles, Rundes unter dem Stoff an meinen Lippen.

Alexej greift schon wieder nach seinem Hosenknopf, und wieder halte ich ihn auf. »Warte doch. Oder hast du's so eilig? Ich mach schon!« Stöhnend nimmt er die Hand wieder weg und ich widme mich weiter den drei Russenschwänzen.

Inzwischen kommt von allen wohliges Gebrumme und nun öffne ich selbst ihnen allen die Knöpfe und ziehe ihnen die Hosen runter. Das geht nicht, ohne zwei von ihnen jeweils kurz loszulassen, aber sie lassen mich nun machen, haben sich meiner Führung unterworfen.

Ich massiere die drei Prügel in ihren grauen Unterhosen, die Dinger haben Eingriffe, aber die Latten sind alle schon viel zu hart, um sie da noch durchzukriegen, und so nehme ich wieder die Hände zu Hilfe, um ihnen allen diese störenden Buxen zu den Knien runterzuzerren.

Drei Riemen springen mir entgegen, und endlich komme ich richtig dran! Oleg in der Mitte kommt selbstverständlich als Erster in den Genuss meines Lutschmauls, aber auch die anderen beiden können sich nicht beklagen; um etwas Schmiermittel zu haben, spucke ich mir in die Hände und wichse die Keulen auf beiden Seiten, während ich Oleg nun richtig blase, ich schaffe es, seine ganze Länge zu schlucken.

Über mir dreistimmiges Gestöhne, und nun wechsle ich ab, lutsche alle Schwänze, gehe von links nach rechts und wieder zurück. Auf diese Weise kommt Oleg doppelt so oft dran wie die anderen, aber schließlich ist er der Chef.

Alexejs Rohr ist in ausgefahrenem Zustand wie jetzt nach oben gebogen und hat einen eher spitzen Nillenkopf, Mischas Teil ist gerade mit rundem Ende, beide dicker als Oleg, aber nicht so lang.

Ich denke, ich könnte sie alle drei bis zum Abgang blasen, und ich wäre heiß genug, um ihre Soße zu schlürfen, aber Gelegenheiten dafür wird es noch oft genug geben. Heute wollen sie was anderes. Ich habe schließlich noch ein Loch. Und das juckt.

Ich stehe auf. Sie machen sich feixend gegenseitig auf meinen Vollständer aufmerksam. Ich habe mir vorhin schon überlegt, wie ich es haben will: Ich werde mich über den Tisch legen. Der ist, wohl aus Platzgründen, relativ schmal, 60 Zentimeter vielleicht. Ich rücke ihn etwas von der Wand ab, dabei fällt mein Blick auf die Tür der Zelle. Diese hat eine Klappe, vermutlich um Essen hereinzureichen, und darüber ein recht großes Guckloch, über dem von außen eine Blende hängt. Und die ist jetzt weg. Da steht einer hinter der Tür!

Ich deute hin. »Uns schaut einer zu!«

»Kann sein«, sagt Oleg. »Macht nichts.«

Gut, wenn sie sich nicht daran stören … Kein Platz für Schamgefühle.

Ich stelle die Dose Vaseline, die man wohl für unverdächtig hielt und mir gelassen hat, bereit, lege ein Kissen über die Tischkante, beuge mich drüber, spreize die Schenkel, halte mich mit den Händen an den Tischbeinen auf der anderen Seite fest.

»Was ist? Jetzt seid ihr dran! Ficken müsst ihr schon selbst!«

»Er ist eine Sau!« Mischas Bass.

»Fang an, Boss!« Alexej, eine etwas höhere Stimme.

Mischa tritt vor mich, er hat seine Hosen ganz ausgezogen, seine Finger greifen in meinen Haarschopf, ziehen ihn hoch, er steckt mir seinen Pisser ins Maul. Ich höre den Schraubverschluss der Vaseline, aber Oleg schmiert wohl nur sich selbst ein, mein Arschloch zu fingern ist ihm anscheinend zu schwul, er spuckt ein paar Mal in meine Spalte, es läuft meine Kimme hinunter, meinen Sack, tropft auf den Boden.

Eine Hand an meiner linken Hüfte. Etwas Heißes, Hartes, an meinem Loch. Und dann ein gewaltiger Stoß, ich schreie auf, schwitzende Haut an meinen Arschbacken, Oleg hat mir mit Macht mit einem einzigen Satz seinen enormen Hammer reingetrieben, wenn da nicht Mischa wäre, der fast das Gleichgewicht verliert, hätte es den Tisch mit mir drauf quer durch den Raum geschoben.

Geiles Lachen von Oleg. »Du willst doch gefickt werden. Also schrei nicht!« Dann geht es los, er hält sich mit beiden Händen an meinen Beckenknochen fest und fickt mir den Arsch. Geht fast ganz aus mir heraus, um mich mit neuem Schwung gleich wieder zu stopfen. Er kommt mindestens so weit rein wie der Doc heute mit dem Schlagstock, es ist wie lautes Händeklatschen, wenn seine Lenden auf meine Arschbacken treffen. Mischa presst meinen Kopf an sich, ich müsste seinen Pimmel sonst rausflutschen lassen.

Oleg hämmert mich … wenn ich nicht Schwänze im Arsch gewohnt wäre … hoffentlich hat er Fabian nicht auch so hergenommen … der Arme …

»Das ist«, kommt es abgehackt von Oleg, »weil du so vorlaut bist. Wir ficken, wenn wir wollen, nicht, wenn es uns einer sagt!«

Jedes Wort ein Stoß, begleitet von lautem »Aaah«, aber er klingt nicht sauer, will nur klarstellen, wer der Chef ist.

Er legt einen Zahn zu, fester kann er nicht mehr werden, nur schneller, und nun vögelt er sich zum Orgasmus, hält plötzlich inne, und dann geht es los, er spritzt sich in mir aus, stößt nach, füllt mich ab. Russensahne, die erste.

Beim Rausziehen merke ich wieder, wie lang dieser Pimmel ist. Chefformat.

Kaum ist Oleg weg, drängt sich schon Alexej zwischen meine Beine. Er hat weniger Hemmungen, steckt mir gleich mal drei Finger rein und fickt mich damit, was mich aufjaulen und ihn geil lachen lässt. Er wischt seine Hand an meinen Arschbacken ab, schmiert Creme an seinen Kolben, und da steckt schon der zweite Schwanz in mir. Er kommt nicht so tief rein, aber er ist dicker und mein Loch muss sich erst daran gewöhnen, zumal er, anders als Oleg, seinen Pisser immer wieder ganz herauszieht und seine fette Eichel jedes Mal neu in mich reinpresst. Nun fickt er gar nicht mehr richtig, nutzt nur noch den Nillenkopf, den er schnell in mich drückt, nur kurz rein und gleich wieder raus, rein, raus, rein, raus … er könnte mich so in den Wahnsinn treiben.

Er treibt sich aber auf diese Art selbst zum Abgang, noch mal ein tiefer Stoß, dazu irgendein russisches Gestammel, der Schwanz in mir pumpt, die zweite Portion Russensahne landet in mir.

Mischa drängt es nun auch nach hinten, klar, er musste schon ziemlich lang warten. Aber schließlich, Vorfreude … er wird sich auf seinen Fick gefreut haben.

Er schlägt mir erst ein paar Mal kräftig auf den Hintern, nicht brutal, aber schon fest, es brennt. »Weil du geile schwule Sau bist! Willst du Schwanz im Arsch, ja? Sag!«

Er steht auf Dirty Talking. Das kann er haben.

»Ja, fick mich! Los! Bevor mein Loch kalt wird … aaahh«

Er ist schon drin, wie Oleg hat er mir das ganze Kaliber mit Schmackes reingebohrt.

»Gefällt dir, ja? Schwein, sag, gefällt dir! Laut!«

Ich schreie fast. »Ja, gefällt mir! Komm, fick mich! Komm, fick, fick, fick …«

Und er fickt, heftig, haut mir dabei wieder auf die Arschbacken, ich feuere ihn an, er solle mich stopfen, mich vollspritzen, es mir geben …

Ich sporne ihn an, es langt jetzt auch. Als er anfängt, russisch zu babbeln, weiß ich, er wird gleich abladen, und so ist es, kurz darauf landet die dritte Portion Sperma in mir.

Es ist wirklich genug, mein Loch brennt, zugleich ist mein eigener Schwanz kurz vor dem Platzen, und als ich mich aufrichte, braucht es nur ein paar kurze Wichszüge, bis meine Soße auf dem Boden landet.

Ich stütze mich noch eine Minute am Tisch ab, muss mich von dieser Nummer erholen, ehe ich meine Portion vom Boden aufwische. Oleg und Alexej sind schon in die beiden unteren Betten gekrochen, Mischa wäscht sich den Schwanz, und es hilft nichts, auch wenn Fabian gemeint hat, dieses Klo sei nur zum Pinkeln da, das Zeug, das die drei mir eingetrichtert haben, muss wieder raus. Kein Platz für Schamgefühl.

»Kleiner«, sagt Oleg noch, »lass dir morgen von Fabian die Haare am Arsch wegmachen.«

7. Arschrasur

Ich schlafe gleich ein und werde erst wach, als die Zellentür aufgesperrt wird und Mischa und Alexej aufstehen, Oleg bleibt liegen.

»Kannst auch noch warten«, gähnt er mir zu. »Sie müssen zur Arbeit. Du heute noch nicht.«

»Und du?«

»Ich auch nicht. Wir warten, bis draußen leerer wird.«

Gut, wenn er es so sagt. Ich kucke den anderen beiden zu, nach dem gestrigen Abend habe ich keine Hemmungen mehr. Sie haben die Schlafanzüge ausgezogen, stehen nackig da, Alexej macht Katzenwäsche am Becken, Mischa geht aufs Klo, die Tür lässt er offen, es plätschert, im Stehen schifft er sich aus, ich starre ihn an, wirklich ein geiler Kerl. Er drückt die Spülung, kommt wieder raus, merkt, dass ich ihn beobachtet habe und dabei mein Rohr knete. Ich bin mit einer Riesenlatte aufgewacht.

»Chef, er ist schon wieder geil!«, beklagt sich Mischa, und da er deutsch spricht, will er wohl, dass ich ihn verstehe.

»Ist gut«, brummt Oleg. »Ich auch.«

Mischa rasiert sich jetzt; ich darf nicht vergessen, mir die Haare am Arsch wegmachen zu lassen.

Oleg schwingt sich aus dem Bett, er ist wohl Nacktschläfer, hockt sich breitbeinig auf den Tisch, so wie gestern, als ich ihn das erste Mal gesehen habe. »Komm runter!«

Mir ist sofort klar, was er will, und kurz darauf knie ich so vor ihm wie gestern Fabian, lasse mir seinen Steifen in den Hals schieben, weiß, mein erstes Frühstück wird eine Portion Eiweiß sein, und noch während ich an Olegs Pint nuckle, höre ich Stefan hinter mir. »Wie macht er sich?«

Er bleibt im Raum, doch Oleg lässt sich davon nicht stören, packt mich an den Ohren, fickt und schleimt sich stöhnend in mir aus.

»Er ist gut. Willst du auch?«

Er bietet mich an. Wie auf dem Markt.

»Jetzt nicht. Ich soll ihn in einer Stunde zum Chef bringen.«

»Ist gut. Muss vorher noch mit dir reden. Kleiner, lass uns allein und mach Tür zu!«

Mit einem Mordsständer stehe ich vor der Tür, meine Hose steht ab wie ein Zelt und ich bemühe mich, das zu kaschieren. Am Flur ist reger Betrieb, die Leute gehen ins Wohnzimmer oder zum Klo oder kommen daher, man mustert mich, ich nicke allen zu.

Ich habe die Tür zugezogen. Nun fallen mir die Spuren auf, die sich da ab Hüfthöhe nach unten ziehen und die Flecken am Boden. Getrocknete Wichse. Der Spanner von gestern Abend hat sich hier draußen einen runtergeholt und hielt es nicht mal für nötig, seine Sauerei wegzuwischen.

Stefan kommt raus. »In einer Stunde hole ich dich. Du kannst wieder rein.«

Oleg wäscht sich jetzt. »Hab ihm gesagt, dass du unschuldig bist. Gestern Abend auch schon Max. Sie werden es allen Kollegen sagen.«

»Danke, aber … werden sie es glauben?«

»Ob sie glauben, ist egal. Hauptsache, sie behandeln dich wie unschuldig, oder? Und das werden sie, weil ich es gesagt habe. Klar?«

»Klar. Danke. Und, Oleg, du hast mich ihm gerade angeboten …«

»Ja, hab ich. Denke, du bist mir was schuldig. Klar?«

Ich schlucke. »Klar.« Was soll ich auch anderes sagen?

»Gut. Mach dich fertig für Frühstück.«

Im Flur stehen zwei Wagen mit Geschirr, mehreren Thermoskannen und Brot, Margarine und je einer Sorte Wurst, Käse und Marmelade. Buffet kann man nicht gerade sagen. Wir bedienen uns und hocken uns wieder in die Zelle.

»Oleg, auch wenn mir gestern nicht langweilig war – wie kann ich hier was zum Lesen kriegen?«

»Musst du mit Max reden, er macht Bücherei. Eigentlich nur Montag, aber vielleicht macht er dir Ausnahme. Frag ihn heute Nachmittag, hat diese Woche Spätschicht. Ist der, der uns gestern eingeschlossen hat.«

»Gut. Glaubst du, er hat uns gestern Abend zugeschaut?«

»Wieso?«

»Einer hat an unserer Zellentür abgespritzt.«

»So.« Er will das anscheinend nicht weiter kommentieren.

»Wie ist der Direktor, zu dem ich dann soll?«

»Macht seinen Job.«

Als mich Stefan zu ihm bringt, pafft der Direktor eine fette Zigarre, und trotz eines offenen Fensters ist die Luft in seinem Büro zum Schneiden. Er dürfte um die Fünfzig sein, denke ich, Figur wie ein Preisboxer, sein weißes Hemd spannt über der Brust und den Oberarmen, ein schmaler, dunkler Haarkranz zieht sich um seinen Hinterkopf, und weil er zur Begrüßung aufsteht, sehe ich, er ist noch größer als Stefan, bestimmt an die zwei Meter.

Er wisse natürlich, warum ich hier sei, sagt er, und nach einer Weile würde man mir eine Therapie anbieten, um an meinem Problem zu arbeiten.

»Ich brauche keine Therapie. Ich habe niemandem was getan. Ich bin unschuldig. Oleg glaubt mir!«

Er hebt nur eine Augenbraue. »Interessant. Es kommt aber nicht darauf an, ob Herr Kasparow Ihnen glaubt, auch wenn es das für Sie hier sicher einfacher macht. Es kommt darauf an, was der Richter entschieden hat. Sie werden nicht erwarten, dass ich das Urteil anzweifle. Ich weise nur darauf hin, dass es ohne Therapie schwierig wird, eine vorzeitige Entlassung zu befürworten, wenn Sie das mal beantragen sollten.

Man wird Sie bei Gelegenheit noch über die Arbeits- und Ausbildungsmöglichkeiten hier informieren, aber momentan haben wir ein Problem in der Wäscherei, da fangen Sie morgen an. Herr Schwarz, Sie veranlassen bitte das Nötige. Auf Wiedersehen.«

Wir sind entlassen. »Etwas mehr Interesse für seine ›Gäste‹ dürfte er schon zeigen.«

»Was denkst du, wie oft er hört ›Ich bin unschuldig‹? Sei froh, dass Oleg dir glaubt, das ist für dich wichtiger.«

»Stef… Herr Wachtmeister, heißt Oleg so wie dieser Schachspieler? Kasparow?«

»Ja. Sind aber nicht verwandt.«

»Spielt hier jemand?«

»Keine Ahnung, musst fragen. Ich bring dich jetzt zurück. Du wirst morgen gegen sieben abgeholt. Also früh aufstehen.«

In unserem Flur ist es ziemlich ruhig, auch Oleg ist nicht da, und so lege ich mich ins Bett, grüble. Abgesehen von der Sprache werde ich mit den dreien hier zurechtkommen. Sie sind hart, aber nicht brutal. Sie werden mich nicht jeden Abend alle drei durchziehen. Wie das mit der Arbeit wird, muss ich abwarten. Und wie vielen Leuten Oleg mich anbietet als Tauschobjekt gegen irgendwas.

Leises Klopfen an der Tür, und Fabian steckt den Kopf rein. »Du bist allein? Dann komm ich zu dir!«

»Sicher. Ich hab grad daran gedacht, dass du meinst, es wäre hier relativ gut. Wieso bist du nicht bei der Arbeit?« Ich klettere aus dem Bett.

»Schau raus, es gießt in Strömen. Ich bin bei den Gärtnern, da geht jetzt nix. Überhaupt ein Scheißjob. Es ist hier wirklich gut, glaub mir. Oder war's gestern Abend so schlimm? Wir haben euch natürlich gehört. Es klang bei dir nach Geilheit, auch wenn du ein paar Mal geschrien hast. Die anderen haben jedenfalls in eurem Takt mitgewichst und mich in Ruhe gelassen. Also meinetwegen könnt ihr das jeden Abend so machen.«

»An mir soll's nicht scheitern. Du kannst auch was dafür tun, dass heute wieder was abgeht: Oleg hat gesagt, du sollst mir die Haare am Arsch wegmachen.«

»Was soll ich?«

»Mich da unten rasieren.« Vor dem verdatterten Fabian lasse ich schon mal die Hosen fallen, drücke ihm das Rasierzeug von Mischa in die Hand und lege mich breitbeinig über den Tisch.

»Nun mach schon! Befehl von Oleg!«

Das Argument sticht, Fabian schmiert mich mit Schaum ein, ich ziehe mir selbst die Backen auseinander, damit er möglichst gut rankommt, er setzt in der Kimme an und zieht nach außen, Mischas Klinge schabt über meine Haut.

»Wie viel soll ich denn machen?«

»Mach die Spalte, rund ums Loch und bis zum Sack. Wird schon reichen.«

Er fährt fort, holt sich Klopapier, wischt mich ab.

»Ich denke, es ist gut.«

Ich bleibe liegen. »Gefällt's dir?«

»Daniel, ich bin nicht schwul!«

»Gebumst wirst du trotzdem. Vielleicht willst du ja selbst mal wieder. Jetzt ist eine Gelegenheit.« Mein Arsch juckt, ich könnte wirklich eine Füllung vertragen. Ich kneife mein Loch zusammen, lasse wieder locker. Fabians Atem geht schwerer.

»Daniel, du bist, du bist ...«

»Ich bin schwul. Und du bist geil. Also komm!«

»Du Schwein! Du Schwein ...«

Ich höre, wie er seine Hose öffnet, noch mal das Sprühen des Schaums, direkt zwischen meinen Beinen, und Fabian wichst gar nicht erst, er setzt sofort an und schiebt mir seinen Kolben rein, die Rasiererei muss ihn schon aufgegeilt haben, auch wenn er immer betont, er sei nicht schwul. Dieses Schaumzeug brennt, aber ihm ist das egal, er vögelt drauflos. Es wird lang her sein, dass er das letzte Mal seinen Schwanz wo reinstecken konnte, und so bockt er mich nun mit aller Gewalt, lässt wohl auch seinen Frust darüber raus, dass er sonst hinhalten muss, nun kann er zumindest ficken, dass es ein Arschloch ist, verdrängt er, Hauptsache Loch, Loch, Loch …

»Ja, ja, ja, ich spritze …« Wie ein Karnickel kommt er, ich spüre, wie sein Rohr in mir zuckt, er lässt sich heftig schnaubend auf mich fallen.

Ich will ihm Zeit lassen, ehe ich ihn rausschmeiße und mich selber fertig mache, doch da steht auf einmal Oleg im Zimmer.

»Was ist denn hier los? Macht ihr einen Boy-Puff auf?« Er klingt belustigt, trotzdem erschrecken wir beide, Fabian ist sofort aus mir draußen, zerrt sich die Hosen hoch, stammelt was, lässt uns allein.

Oleg nutzt die Gelegenheit, meinen Arsch zu begutachten. »Ist gut. Haare weg.«

Ich hebe vorsichtig zu einer Entschuldigung an, weiß nicht, ob er das erwartet, doch er winkt ab. »Kleiner, zieh dich wieder an. Meinetwegen könnt ihr ficken, soviel ihr wollt.«

»Oleg, äh, wie ist es, wenn mich hier auf dem Flur einer haben will? Oder in der Wäscherei, da soll ich arbeiten.«

»Wäscherei ist mir egal. Mach, wenn du willst. Hier, musst nicht jeden Tag jeden nehmen, aber auch nicht nie. Werden nicht alle nur zu dir kommen, gibt ja noch Fabian und paar andere, fast in jeder Zelle einer.«

Nicht jeden Tag jeden … aber wohl viele ziemlich oft …

»Kleiner, wichtig ist, dass du nett bist zu den Aufsehern. Und dir gefällt es doch, also lass sie. Dann sind sie auch nett zu uns. Klar?«

»Ich war gestern schon ›nett‹ zu« – ich zähle an den Fingern ab, Rainer, Albert, Stefan und der Doc – »vieren. Und abends euch drei. Langt das?«

Er brummt, es klingt nach Anerkennung.

Ich ordne meine Klamotten und räume Mischas Rasierzeug auf. Oleg registriert das, sagt aber nichts dazu.

Ich berichte vom Gespräch mit dem Direktor. »Ich kann doch nicht eine Therapie machen wegen irgendwas, das ich nicht habe! Was stellt der sich vor?«

»Ist seine Vorschrift.« Und dann fährt er übergangslos fort: »War geil gestern?«

»Und wie!«

»Gut. Jetzt komm essen, glaube, sie sind da.«

Die Kameraden aus der Küche bringen, natürlich unter Aufsicht, einen Wagen mit zwei Kesseln. Diesmal gibt es Linseneintopf. Mit Würstchen.

Als der Wagen wieder abgeholt wird, bittet Oleg den Aufseher, Max zu uns zu schicken. »Müsste jetzt da sein.«

Bald darauf taucht er auf, der Typ, der uns gestern eingesperrt hat. Er ist äußerlich ganz anders als Oleg, schwarzhaarig, Schnauzer, dunkle Augen, in der Uniform fast einschüchternd, und im Gegensatz zu den anderen Aufsehern trägt er Stiefel.

Ich bringe mein Anliegen mit der Bücherei vor.

»Ist gut. Weil Oleg sagt, du kannst nichts dafür, dass du hier bist. Komm mit!«

Er führt mich treppab, einen Flur, weiter treppab, noch ein Flur, schließlich im Keller ein Raum voller Bücherregale.

»Die deutschen Sachen sind links. Such dir was aus. Ist alphabetisch nach Autoren.«

»Danke, Herr äh …«

»Straubinger. Aber ›Wachtmeister‹ höre ich lieber.«

»Ja, also danke Herr Wachtmeister, dass Sie extra für mich hier aufmachen.«

»Schon gut.«

Ich suche die Regale durch, muss mich bücken für die Sachen unten. Er sieht zu.

»Tut dir der Arsch noch weh von gestern?«

»Sie haben uns zugeschaut.« Eine Feststellung.

»Kann sein.«

»Und an unsere Zellentür abgespritzt.« Noch eine Feststellung.

»Kannst es ja ablecken.«

»Ich steh nicht auf eingetrocknete Wichse.«

»Du kannst auch frische haben.«

Er tritt her zu mir. Sein Hosenlatz ist auf Höhe meines Kopfes. Kurz darauf baumelt sein Schwanz vor meiner Nase, ich habe ihn von den störenden Klamotten befreit, wiege seine Eier in der einen Hand, rubble mit der anderen seinen Pimmel, er wächst, streckt sich mir entgegen, ich ziehe ihn mir rein, geiler Geschmack.

»Wollen Sie mich ficken?« biete ich mich an. Ich traue mich nicht, ihn zu duzen.

»Keine Zeit!« wehrt er ab. »Wir müssen bald zurück.«

Und dann gibt er sich selbst die Faust, hier, zwischen den eng stehenden Regalen, spritzt er mir ins Maul, ganz frische Wichse, direkt vom Euter.

»Ich habe heute Abend wieder Dienst«, verabschiedet er sich, als er mich zurückbringt. »Und ich mach auch wieder eine Sonderöffnung für dich.«

8. Revanche

Warst du nett zu Max?«, will Oleg wissen. »Wenn er schon extra für dich aufmacht.«

»Ich war sehr nett zu ihm. Und er hat gesagt, er hat heute Abend wieder Dienst.«

»Weiß ich.«

Er beschäftigt sich mit seinem Schlauphon, und ich beschließe, Duschen zu gehen, ehe die anderen von der Arbeit kommen. Jetzt wird es noch ruhiger sein.

Ich vermute richtig, im Vorraum hängt nur ein Handtuch. Als ich mein Zeug auf der Holzbank ablege, kommt einer der Ivos aus der Dusche, der, den ich schon geblasen habe, er scheint angenehm überrascht, wir nicken uns zu, und als ich erst noch zum Pinkeln gehe, folgt er mir, splitternackt und tropfnass wie er ist. Hier sind keine kleinen Pissbecken, sondern diese breiten, hohen Keramikteile, unten am Boden, mit so einer Art Schale und dem Abflussloch. Er stellt sich direkt neben mich und präsentiert sich und seinen Pimmel. Ich tue erst unbeteiligt, fange an zu strullen, doch als er es auch laufen lässt, schaffe ich es nicht mehr, nur auf die Wand vor mir zu starren. Wir schütteln die letzten Tropfen ab, dazu fasst er sich an, vorher hat er sozusagen freihändig gepinkelt. Er bleibt hinter mir, beobachtet mich beim Ausziehen, folgt mir auch in die Dusche, stellt sich wieder neben mich.

Er ist ein drahtiger Typ, kantiges Gesicht, nicht schön oder gutaussehend, aber ungemein männlich.

»Wasch mir den Rücken!«, fordert er, stellt sich breitbeinig hin, und nun weiß ich, worauf es hinauslaufen soll.

Bei ihm zögere ich nicht, als ich zum Arsch komme, mit glitschigen Händen knete ich seine Backen, fasse durch die Beine nach seinem Sack und seinem Schwanz, er wetzt sich an meinem Arm.

Und dann stellt er sich hin wie gestern Oleg, Hände an der Wand, Hintern ordinär rausgestreckt, und ich knie hinter ihm. Ein geiles Loch, leider wird er mich nicht reinlassen, als ich es ganz vorsichtig mit einem Finger versuche, kneift er sofort zu.

»Nicht Finger! Sollst mich lecken, mit Zunge, wie Chef!«

Schade. Aber … solche Ärsche lecke ich auch gern. Fest, kernig, Mann. Für meine Zunge öffnet er sich wieder, genussvoll speichle ich ihn ein, streiche über seine Schenkel, seinen Hintern, halte mich fest an seinem Steifen, er knurrt dazu.

Plötzlich drückt er mich mit seinem Körper nach hinten, ich komme neben der laufenden Dusche auf dem Rücken zu liegen, er kniet über mir, sitzt auf meinem Gesicht, sein Loch genau über meinem Mund, ein bisschen kann ich meine Zunge in ihn reinstecken, er wichst sich natürlich,

ich komme an mich nicht ran, meine Arme klemmen unter seinen Schenkeln.

Er wird laut, atmet hektisch, spritzt ab, saut mich ein.

Ich muss warten, bis er aufsteht, ehe ich mir, mit seiner Soße als Schmiermittel an den Händen, endlich selber einen runterholen kann. Und danach richtig duschen.

»Wie war's mit Ivo?«, fragt Oleg, als ich zurückkomme. Woher weiß er das nun schon wieder?

»Ich war nett zu ihm.«

Oleg scheint unbeschäftigt, und so frage ich, ob er Schach spielt. »Ihr Russen könnt das doch alle, oder?«

»Ich kann, die anderen nicht. Lernen nichts mehr in Schule. Gut, machen wir, komm.«

Wir setzen uns in den Aufenthaltsraum, spielen, keiner spricht uns an. Wir sind etwa auf dem gleichen Niveau, Oleg gewinnt am Schluss, doch ich habe ihm lange Paroli geboten. Und die Zeit ist schnell vergangen.

Geschirrklappern kündigt das Abendessen an. Es gibt Kartoffelsalat. Mit Würstchen.

Fabian sage ich, dass Oleg nichts gegen unseren Fick hatte.

»Es liegt an dir, ob wir das öfter machen.«

»Daniel, ich bin nicht schwul!«

»Weiß ich. War aber trotzdem geil, oder? Dein erstes Mal so?«

»Ja. Und ja. Trotzdem bin ich nicht schwul!«

Die Zeit bis zum Einschluss lese ich in meinem Bett, nun ist es mir sogar ganz recht, dass die anderen russisch reden.

Eine Unterhaltung stört weniger, wenn man nichts davon versteht. Andererseits wäre hier *die* Möglichkeit, es zu lernen. Vielleicht kann ich es mal gebrauchen.

Als Max Straubinger kommt, um uns einzuschließen, frage ich, ob es in der Bücherei so was wie »Russisch für Anfänger« gibt.

»Glaub nicht. Aber ich sag dir Bescheid. Und jetzt: Gute Nacht!« Anzügliches Grinsen.

»Willst Russisch lernen, Kleiner?«

»Ist eine gute Gelegenheit, oder? Hier, mit euch …«

Ich lese weiter, die anderen ratschen, mein Buch ist spannend, mir ist gar nicht aufgefallen, dass es irgendwann ruhig geworden ist.

Oleg reißt mich aus meiner Geschichte. »Kleiner, zeig uns doch mal deinen rasierten Arsch!«

Ich klettere runter, ziehe mir die Hosen aus und recke ihnen meinen Allerwertesten entgegen, sie werden mein blankes Loch sehen. »Zufrieden?«

Oleg nickt. »Hat Fabian gut gemacht.« Und dann fängt er an zu lachen, er kann kaum an sich halten. »Weißt du womit, Mischa?« Eine weitere Lachsalve.

Mischa schaut erst verständnislos, dann dämmert ihm was, er blickt zum Waschbecken, sieht sein Rasierzeug. Oleg lacht schon wieder, und Mischa zeigt nun so einen entsetzten Blick, dass ich auch losprusten muss. Alexej hat verstanden, worum es geht, er macht mit, wir halten uns alle drei die Bäuche vor Lachen, und Mischa steht bedröppelt dabei.

Nun fasst er einen Entschluss, packt mich am Arm, zieht

mich zu sich, hockt sich hin und legt mich übers Knie. Ich komme gar nicht auf die Idee, Widerstand zu leisten, so komisch ist die Situation, zumal seine Aktionen die anderen beiden zu erneutem Gejohle anstacheln, das sich noch verstärkt, als er mir nun den Arsch verkloppt.

Ich kriege mich nicht ein, er versohlt mir den Hintern, kräftig, doch ich zapple nur mit den Beinen und lache und lache, es ist einfach zu albern. Mischas Gesichtsausdruck … zum Schreien!

Irgendwann wird es ihm zu blöd, er stößt mich runter, ich grinse ihn von unten her an, da kann auch er nicht mehr, seine Mundwinkel zucken, obwohl er nicht will, muss er mitlachen.

Die Blende am Guckloch unserer Tür ist offen.

Wir haben uns beruhigt, sitzen beisammen, ich habe das Gefühl, ich gehöre dazu. In einer anderen Rolle, doch ich bin dabei.

Ich erkundige mich nach der Wäscherei, aber außer dass da ein »Sepp« Aufseher ist, weiß keiner was Näheres. Mischa und Alexej sind bei den Schreinern, Oleg arbeitet nicht. Ich frage nicht, warum.

Nach etwas allgemeinem Blabla fordert mich Oleg auf, mich auszuziehen.

»Habe ihnen erzählt, dass du mir gestern in der Dusche den Arsch geleckt hast. Sie wollen, dass du es ihnen auch machst. Leg dich auf dem Rücken auf den Tisch! Hopp!«

Alle stehen auf, rücken den Tisch von der Wand ab. Oleg klopft auf die Tischplatte. »Hier drauf!«

Der Tisch ist lang genug, dass ich bis zu den Knien

draufpasse, nur meine Unterschenkel hängen herunter. Jetzt liege ich da, nackt, werde gemustert von drei Knackis, denen die Geilheit aus den Ohren herauskommt. Mein Schwanz wächst schon. Allgemeines Gejohle.

Mischa zieht sich ganz aus. Er steigt auf den Tisch, stellt sich breitbeinig über mich, geht in die Hocke, sein dunkel behaarter Arsch nähert sich, nun kniet er rechts und links meiner Brust, hat meine Arme mit seinen Beinen eingeklemmt, er sitzt auf meinem Gesicht, ich sehe nichts mehr, bin unter muskulösen Arschbacken vergraben, rieche Arschschweiß. Er wetzt seinen Hintern förmlich auf mir, geht zurück, bis mir seine Eier in den Mund hängen, ich lecke und sauge daran, er rückt noch ein Stück, dann habe ich seine Eichel drin, ich nuckle an seinem Schwanz, er ist laut geworden, brummt wie ein Bär, da bin ich schon wieder sein Sitz, er öffnet seinen Arsch, meine Zunge sucht den Eingang, hat ihn, ich ertaste jede Runzel einzeln, er jault geradezu auf, jemand greift nach meiner rechten Hand, führt sie zu einem steifen Schwanz, ich halte mich daran fest, das Gleiche passiert auf der linken Seite, wegen des Hinterns auf mir sehe ich nichts, aber ich glaube, rechts ist Oleg, die Latte ist durchschnittlich dick, aber besonders lang, links ist es eher umgekehrt, nicht so lang, dafür komme ich mit den Fingern kaum um dieses Gerät herum.

Mein eigener Pimmel pocht schon, doch ich weiß, es ist zu früh, ich muss warten, was die drei noch vorhaben, wer mich als Erster stoßen wird.

Sie reden russisch, dreckiges Lachen, ich muss mich überraschen lassen.

Die Schwänze in den Händen entziehen sich mir, Mischa lüpft kurz seinen Hintern, sie zerren mich ein Stück nach unten, mein Arsch ist gerade so noch auf dem Tisch. Mischa sitzt wieder auf mir, sie stemmen meine Beine hoch, Mischa hält sie an den Knöcheln fest, mein frisch rasiertes Loch muss nun fickgünstig zum Anstich bereit liegen. Einer schmiert mich mit Rasierschaum ein, Oleg wahrscheinlich, Mischa zetert rum und muss zugleich lachen, von Alexej kommt gackerndes Gekicher, und von Oleg kommt jetzt der Schwanz.

Auch wenn ich nichts sehe, ich fühle, es ist seiner, die Länge, die Art, wie er ihn reinschiebt, mit festen Zügen bürstet er mein Loch, meine Schenkel kleben an seinem Oberkörper, nur mit dem Becken stößt er zu, in einem gleichmäßigen Rhythmus, er will sich offensichtlich noch nicht verausgaben.

Alexej sagt was Russisches, vermutlich hat er Mischa aufgefordert, zu Potte zu kommen, denn der brummt unwillig, seine Handarbeit und sein Atem werden allerdings schneller, er hockt jetzt mit seinem ganzen Gewicht auf mir, ich kriege kaum Luft, endlich hebt er zum Abspritzen seinen Arsch an, ich kann durchschnaufen, und da kommt er, pumpt mir eine gewaltige Ladung auf den Bauch.

Er steigt vom Tisch, doch als Alexej, der es wohl kaum erwarten kann, rauf will, hält er ihn auf.

Oleg hat wieder seinen Festnagel-Blick, während er mich weiter bockt, doch auch er scheint nicht zu wissen, was Mischa vorhat.

Der grinst mich nun an, schmiert sich seinen eigenen Schmodder von meinem Bauch erst in die Hand und von da in mein Gesicht. Drei-, viermal, bis all die Soße auf mir verteilt ist. Ich muss die Augen zukneifen, das Zeug läuft mir in Mund und Nase und auch in die Ohren.

»Ist für mein Rasierzeug«, sagt er. Seine Revanche.

Sogar Oleg ist kurz aus dem Takt gekommen und gibt komische Töne von sich, ehe er sich wieder auf seinen Schwanz in meinem Loch konzentriert.

Von Alexejs attraktiver Rückfront sehe ich nun gar nichts, merke nur, wie er hochsteigt, ertaste seine Beine neben mir. Es ist eine einzige Sauerei, als er nun auf mir hin und her rutscht, es glitscht und flutscht, ich schmecke seinen Arsch und zugleich Mischas Sperma, zudem stopft mich Oleg hinten. Wenn ich doch nur an meinen eigenen Schwanz drankäme … doch Alexej lässt mich nicht, es scheint ihm zu gefallen, diese Schmierage an seinem Hintern.

Etwas Russisches von Oleg, er nimmt Fahrt auf, zugleich umfasst eine fremde Hand meinen eigenen Pimmel, das ist jetzt zu viel, ich kann mich nicht zurückhalten, es schießt aus mir heraus, ein kurzes »oh« von Alexej, ich habe ihn wohl irgendwo getroffen.

Noch ein harter Stoß in meinen Arsch, dann zuckt es da hinten und Oleg samt in mir ab. Alexej wichst sich noch, doch bald spritzt auch er mich voll.

Nachdem er abgestiegen ist, liege ich noch völlig versifft da, bis mir endlich jemand Klopapier gibt, damit ich erst meine Augen und dann mich von dem klebrigen Zeug befreien kann.

Ich schmeiße all das verschmierte Papier ins Klo, und

ehe ich mich waschen kann, fordert Alexej, seinen Arsch zu säubern. »Mit deinem Waschlappen!« verlangt er.

Es bleibt mir wohl nichts anderes übrig, ich drehe mein Dings zumindest auf links, ehe ich mich an ihn ranmache.

Als ich fertig bin, geht die Blende am Türspion zu.

9. Der Wäschereiboss

Ich werde früh wach, weil sich auf dem Flur irgendwas rührt. Bei uns wird allerdings nicht aufgeschlossen, also kann ich wohl noch liegen bleiben. Gleichmäßiges Atmen aus den anderen Betten, es schnarcht aber keiner. Ich hätte es schlechter treffen können. Oleg strahlt eine natürliche Autorität aus, er hat es nicht nötig, durch Brutalität seine Rolle als Chef zu unterstreichen. Er wird akzeptiert.

Auch die beiden anderen sind in Ordnung. Sie wissen jetzt alle, dass mir der Sex mit ihnen gefällt und ich es nicht nur so geschehen lasse, wenn sie mich hernehmen. Dass sie immer die Ficker sein werden und ich das Loch, ist klar. Damit kann ich gut leben.

Ich muss wieder eingedöst sein, denn das Quietschen unserer Tür schreckt mich auf. Von der Sauerei gestern habe ich immer noch das Gefühl, ich klebe und mache mich auf den Weg zu den Duschen, während Mischa zum Pullern aufs Klo geht und Alexej sich wäscht. Oleg dreht sich im Bett um, heute muss er ohne Morgenbläser auskommen. Oder er sucht sich einen anderen, wenn wir weg sind.

An unserer Tür sind neue Spermafladen dazugekommen. Und so wie es aussieht … nicht nur von einem Spanner! Max muss einen Kollegen dazu geholt haben.

In den Duschen ist Hochbetrieb, die meisten Gesichter kommen mir inzwischen bekannt vor, doch Namen könnte ich den Wenigsten zuordnen. Man registriert mich zwar, aber alle sind noch eher verschlafen und kaum einer sagt was außer einem gemurmelten »Morgen« in verschiedenen Sprachen. Inmitten eines Dutzends nackter Kerle dusche ich also, bemühe mich, nicht auffällig die reiche Auswahl an Schwänzen und Ärschen um mich herum zu begutachten, keinen Ständer zu kriegen, und auf keinen Fall irgendwen aus Versehen anzutatschen, will nicht, dass sich jemand angemacht fühlt.

Zurück in der Zelle, Oleg pennt wieder, ich bin leise, bediene mich am Frühstückswagen, suche einen Platz im so genannten Wohnzimmer. Der einzig freie Stuhl ist an einem Tisch, an dem ich keinen kenne, aber einer nickt auf mein »Darf ich?«

Ich schlürfe den Kaffee, eine dünne Brühe, als mich mein Gegenüber anspricht. »Du bist der Schwule, oder?«

»Ich bin Daniel. Was ist?«

»Welcher Schwanz hat dir denn heute in der Dusche am besten gefallen?« Dröhnendes Gelächter, er findet sich witzig.

Ihm den Kaffee ins Gesicht zu schütten, wäre zu heftig, aber sagen muss ich was. »Alle außer deinem!« Nun lachen die anderen über ihn und er zieht ab. Mein Nachbar streckt mir den hochgereckten Daumen hin. Punkt für mich. »Wer war das?«, frage ich.

»Iwan. Und ich bin Zlatko.«

Fabian will wissen, was gestern los war. »Es hat sich angehört, wie wenn sie dir den Hintern verhauen. Und ihr habt gelacht.«

»Genau so war es. Mischa hat mir den Arsch versohlt und wir haben alle gelacht.«

Er sieht mich an, als ob er an meinem Verstand zweifelt. »Muss ich nicht verstehen, oder?«

Mehrere Aufseher holen nach und nach jeweils ein paar von uns ab, das sind die Gruppen für die verschiedenen Arbeitsstellen, hat Fabian gestern erklärt. Ich warte einfach mal, es wird mich schon einer einsammeln.

Stefan kommt, winkt mich zu sich, ich bin wohl der Einzige für den Waschsalon. Er führt mich bis in den Keller, düstere Gänge, viele Türen. »Hier sind wir allein. Willst du? Willst du meinen Schwanz? Sag!«

Statt einer Antwort lege ich meine Hand auf seine Beule, da drängt er mich in ein Kämmerchen, schließt die Tür hinter uns, wir sind in einem Putzraum; Besen, Kübel, Lappen stehen und liegen herum, eine Funzel brennt, er hat die Hose schon unten, ist richtig heiß, seine Nille glänzt, er steckt mir seine Latte ins Maul, »Du willst doch, ja, sag, du willst meinen Schwanz, komm, sag schon!«

Ich kann nicht zugleich blasen und reden, mehr als ein undeutliches »A-a« bringe ich nicht zustande, doch das reicht ihm als Zustimmung, er packt meinen Kopf, fickt sich in mir aus, es geht schnell, schon spritzt er ab, ich bin noch gar nicht dazu gekommen, bei mir auszupacken, da ist er bereits fertig.

»War es okay?«, fragt er. »Du kannst sagen, wenn nicht, dann lass ich dich in Ruhe. Ich werde auch nicht sauer. Du kannst geil blasen. Aber jetzt müssen wir weiter.« Er zieht sich wieder an.

»Es war okay. Bei dir hätte ich mich getraut, ›Nein‹ zu sagen. Aber nächstes Mal will ich auch Zeit für mich.« Dass der nicht schwul ist, glaubt er doch wohl selbst nicht.

Er checkt, ob am Gang die Luft rein ist, dann gehen wir weiter.

»Stefan?«

Er sieht mich stirnrunzelnd an. »Du sollst doch…«

»Ich weiß. Aber hier ist keiner. Also Stefan, sind hier noch mehr Schwule?«

»Natürlich, was denkst du denn? Auch auf deinem Flur. Es legt aber keiner Wert darauf, dass es bekannt wird. Ich werde dir also keine Namen sagen, frag nicht. So, wir sind da.«

Er öffnet eine schwere Stahltür, dahinter empfangen uns Wärme und Dampf, im ersten Moment sehe ich überhaupt nichts.

Aus dem Dunst kommt eine Gestalt auf uns zu, erst als sie schon ganz nah ist, erkenne ich einen Aufseher, Stefan übergibt mich, ich verabschiede mich von ihm mit »Herr Wachtmeister«.

Mein neuer Chef führt mich in ein mit Glasscheiben abgetrenntes Kabuff, Regale mit Leitz-Ordnern an einer Wand, auf einem Schreibtisch Stempel, Körbe mit verschiedenfarbigen Zetteln, es wirkt wie eine Art Registratur.

»Setz dich!« Er deutet auf einen alten Bürostuhl, nimmt gegenüber Platz.

»Daniel, ja? Ich bin Sepp Bernauer. Ich weiß, warum du hier bist und was Oleg von der Sache denkt. Er hat eine ziemlich gute Menschenkenntnis. Wenn er dich also für unschuldig hält, halte ich das zumindest für möglich. Sollst du wissen, auch wenn ich dich deshalb nicht anders behandeln kann als die anderen. Du verstehst?«

»Ich verstehe.«

»Gut. Also, wir machen hier nicht nur die Anstaltswäsche, wir arbeiten auch für Hotels und Ähnliches von draußen und verdienen damit Geld. Du bekommst pro Tag 13 Euro auf ein Konto gutgeschrieben. Es ist nicht viel, aber du wirst davon einkaufen können. Seit ein paar Wochen arbeiten hier fünf Typen, aus denen ich nicht schlau werde. Sie schmeißen Sachen, die nur 60° vertragen, in die Trommel für 95°, und dann ist es hin. Oder ein rotes Handtuch zu dem weißen Zeug, und dann ist alles rosa. Ob mit Absicht oder aus Blödheit, ich weiß es nicht. Wir müssen aufpassen, wenn die Sachen sortiert werden. Lass es uns zusammen versuchen, okay?«

»Okay.« Dieser Sepp Bernauer wirkt, nun ja, »väterlich« ist vielleicht übertrieben, aber »bieder« kann man sicher sagen, Typ großer Bär, vielleicht Mitte vierzig, an die zwei Meter groß, durchaus attraktiv, und er scheint seinen Job ernst zu nehmen.

»Ich bring dich jetzt zu den anderen. Pass auf, sie werden versuchen, dir Drogen anzudrehen, erst geschenkt, später wollen sie was. Lass es, damit kannst du dir alles kaputt machen.«

Draußen sind je vier große Trockner und Waschmaschinen, von denen zwei gerade laufen, mehrere Rollwägen und Körbe mit Dreckwäsche und bereits gewaschenem Zeug stehen rum, große Tische, drei Mangeln, Bügeleisen. Und ein Gefangener.

»Wo sind die anderen?«, fragt ihn Bernauer. »Die Sachen hier müssen sortiert werden.«

»Wie?«

»Du verstehst schon. Hol die anderen!« Er wird laut und der Häftling zieht ab.

»Wahrscheinlich sind sie rauchen. Die tun so, als ob sie mich nicht verstehen, dabei können sie ganz gut Deutsch. Die wollen nicht. Ich möchte sie an die Wand klatschen, aber das darf ich leider nicht.«

So gemütlich wie er wirkt, ist dieser Bernauer doch nicht.

Fünf graue Gestalten schleichen heran.

Bernauer stellt mich vor und gibt Anweisungen, wer zusammenlegen, bügeln, für die Flure im Haus sortieren soll und weist mich dann ein. Es scheint gut organisiert, und eigentlich muss man sich nur merken, welche Programme für welche Wäsche zu verwenden sind. Wir arbeiten wegen der Hitze nur im T-Shirt, Bernauer macht mit, obwohl er sich bestimmt nur um den Schreibkram kümmern müsste, aber er betrachtet das wohl irgendwie als »seinen« Laden. Er ist kräftig, hat feste, behaarte Arme, seine Uniformhose spannt an Arsch und Schenkeln.

Bernauer und ich klotzen ran, die anderen gehen es eher gemächlich an. Das Mittagessen wird direkt hierhergebracht, danach gehe ich mit den Kollegen in einen Hof, will mich nicht zu sehr absondern. Das Angebot einer Zigarette lehne ich ab, sie diskutieren in einer mir fremden Sprache, dann fragt ein Glatzkopf, der der Anführer zu sein scheint, ob ich was anderes will. »Vielleicht wir können besorgen.«

»Ich habe kein Geld.«

»Oh, ist Geschenk für Kumpel. Musst du nur sagen.«

Ich tue so, als ob ich darüber nachdenken würde.

Wir arbeiten den Nachmittag durch, gegen halb fünf werden die anderen abgeholt. Ich warte auf jemanden, der mich zurückbringt, Bernauer inspiziert derweil noch mal alles, fängt unvermittelt an zu schimpfen. »Verdammte Scheiße, ich hab denen doch gesagt, das muss heute noch fertig werden! Und was haben sie getan? Nichts! Diese Idioten!«

Ich frage vorsichtig, worum es geht.

Er deutet auf mehrere Wäschewagen. »Das soll morgen früh abgeholt werden für ein Hotel. Ist noch nicht mal gewaschen. Ich kriege wieder Ärger! Weil ich mit fünf Leuten nicht schaffe, was früher drei gemacht haben!«

»Wie lang dauert es? Das noch zu machen, meine ich.«

»Drei Stunden. Eine waschen, eine trocknen, eine mangeln.«

»Also, ich habe Zeit. Mehr als genug.«

»Du hilfst mir? Danke. Dann los!«

Wir sortieren und schmeißen die Maschinen an. »Jetzt machen wir Pause.«

Dem Wachtmeister, der mich abholen will, sagt Bernauer was von Überstunden und dass er selbst mich zurückbringen wird. Der andere soll veranlassen, dass wir hier Abendessen kriegen.

Die Trommeln rotieren, wir haben uns ein Glas Wasser genommen, lehnen am Fensterbrett, ich berichte vom Angebot in der Mittagspause.

»Ich kann dir nur sagen, lass es! Aber vielleicht kriegst du raus, wie das Zeug hier rein kommt.« Ich nicke.

»Du bist in Olegs Flur, oder?«

»Sogar in seiner Zelle.«

»Und?«

»Soll relativ gut sein. Ich habe keinen Vergleich.«

»Ist relativ gut, glaub mir. Gebumst hätten sie dich überall. Haben sie doch, oder? Wie oft?«

Mir scheint, dieser Bernauer ist ganz und gar nicht harmlos. Ich sage erst mal nichts.

»Sag schon. Du bist jung und schwul, das spricht sich rum. Solche wie du werden überall hergenommen. Wie oft hast du schon hinhalten müssen?« Seine Pranke patscht auf meinen Hintern, bleibt dort liegen.

Ich sehe ihn offen an. »Ich weiß es nicht mehr.« Das stimmt sogar. »Und wenn du auch willst, musst du's schon sagen!«

»Nicht frech werden! Pass auf, ich zeig dir was!«

Er zieht sich die Hosen runter und ein echter Pferdeschwanz baumelt da vor meiner Nase, ich weiß gar nicht, wie der in der Uniformhose Platz hatte.

»Willst du nicht sehen, wie groß er wird?«

Doch, will ich, und so nehme die ganze Schlange in den

Mund, kaue vorsichtig darauf herum, das Blut strömt hinein, das Ding wird dick und hart, füllt meinen Gaumen, und Bernauer fickt mich ins Maul. Der ist alles, nur nicht bieder.

»Zieh dich aus, alles, ich will dich ganz nackig haben! Mit wie viel Kerlen hast du's hier schon getrieben?«

Statistik scheint sein Fetisch zu sein. Ich zähle, während ich mich ausziehe. Albert, Rainer, der Doc, Stefan, Oleg, Ivo, Mischa, Alexej, Max, Fabian. »Zehn! Ungefähr die Hälfte schon öfter!«

Er packt mich am Schwanz, zieht mich zu sich. »Was bist du?«

»Ich bin eine schwule Sau!«

»Und was willst du?«

»Dass du mich fickst!«

»Wie heißt das?«

»Bitte fick mich in den Arsch! Nummer elf!«

»Kannst du haben!« Er reißt mich herum, schmeißt mich so halb über eine laufende Waschmaschine, schmiert mit einer Handcreme seine Latte ein und bockt mich auf. Jetzt liege ich auf einem ruckelnden Kasten und habe einen Mordskolben hinten drin. Geile Sache, zumal der Kolben nun in mir heiß läuft. Trotz seiner Größe muss Bernauer sich strecken, um in mich rein zu kommen, doch das mindert die Kraft seiner Stöße keineswegs. Die Maschine fängt an zu schleudern, ich vibriere mit, Bernauer kommt, sein Schwanz zuckt in mir, ich spüre sein Pumpen, als er mich vollspritzt.

Wenn heute Morgen mit Stefan schon keine Zeit für mich war, jetzt will ich auch, versuche, den Kerl in mir abzuschütteln, doch er bleibt in mir und auf mir, flüstert mir ins Ohr: »Du wirst mich jetzt noch schön sauber lecken, dann darfst du wichsen. Verstanden?«

Ich habe verstanden, und ich bin so geil, dass ich mich gleich wieder an seinen Pimmel hänge, als er ihn rausgezogen hat, ich schmecke meinen eigenen Arsch, als ich auf seine Schuhe abspritze.

»Auflecken!«, befiehlt er und ich schlürfe meine Soße von seinen Tretern.

Wir füllen die Wäsche um in die Trockner, während die laufen, macht er Bürokram und ich sortiere fertige Gefängniswäsche nach den Buchstaben der Etiketten. Das Essen kommt, wir mangeln, es sind mehr als drei Stunden geworden, und es ist fast neun, als Bernauer mich zurückbringt, direkt in die Zelle, der Einschluss war schon.

»Wo bleibst du?«, fragt Oleg, ich berichte von der vielen Arbeit. »Ich bin so fertig, ich gehe gleich schlafen. Heute bitte nicht, ja?«

Stirnrunzeln. »Warst du nett zu Bernauer?«

»Ich war sehr nett zu ihm, und zu Stefan auch, aber jetzt bin ich nur müde.«

»Kleiner, pass auf! Wir sagen, wenn wir wollen, klar?«

»Ich weiß. Ich habe gesagt ›bitte‹. Ich schlaf gleich ein.«

»Ausnahmsweise. Aber wir reden noch mal!«

10. Ein Verdacht

Wieder um sechs aufstehen, duschen, frühstücken. Heute finde ich einen Platz neben Fabian, er will wissen, wo ich gestern Abend war. »Es war so ruhig bei euch.«

Ich berichte. »Sie haben mich dann in Ruhe gelassen.«

»Du Glücklicher. Mich nicht. Alle wollten sie mich haben. Mir tut der Arsch weh. Gefällt dir das wirklich?«

»Gefickt werden? Ja, gefällt mir.«

»Muss ich auch nicht verstehen, oder?«

Stefan soll mich zur Wäscherei bringen, ich erwarte ein kleines Zwischenspiel in der Putzkammer, doch er geht daran vorbei. »Ich muss gleich noch jemand abholen, leider keine Zeit.«

Wir sind früher dran als gestern und so bin ich heute der Erste. Bernauer hat einige Trommeln schon gestartet. »Wir erwarten bald einen Wagen von draußen«, erklärt er. »Das ist für heute das Wichtigste.«

Ich fange an, Sachen zusammenzulegen, die anderen trudeln ein, gehen erst mal rauchen in den kleinen Innenhof, zwischendurch kuckt immer mal wieder einer rein.

»Er ist da.« Bernauer öffnet die beiden Flügel einer großen Tür zu einem weiteren Hof, dort parkt ein ziviler Lieferwagen, aus dem jemand mehrere dieser Wäschewägen herausrollt. Wir bringen die Sachen, die wir gestern Abend noch gemacht haben, raus, das neue Zeug rein, Bernauer geht wieder in sein Büro. Ich will mit dem Auseinandersortieren anfangen, als mich der Glatzkopf abdrängt. »Machen wir. Kannst du deine Sache fertig machen, ja?«

»Ja, aber passt auf! Nicht rot zu weiß!

Er nickt nur.

Bernauer hat das nicht mitgekriegt, aber das ist komisch. Dass die sich um Arbeit drängen …

Sie sollen aber nicht merken, dass mir das seltsam vorkommt, also lasse ich sie machen, kontrolliere nur, bevor das Zeug in die Trommeln kommt. Normale Hotel- und Restaurantwäsche.

Der Tag vergeht wie gestern, wenn Zeit ist, machen wir nebenher Gefangenensachen, ich habe eine Menge getragener Unterhosen vor mir … muss mir mal Olegs Nummer merken, er hat ein geiles Aroma.

Bernauer sagt, er würde mir für gestern vier Stunden mehr aufschreiben. »Sind für dich nur ungefähr sechs Euro, aber am Stundenlohn kann ich nix ändern. Willst du heute wieder bleiben?«

»Ja, aber nicht so lang. Oleg war gestern nicht begeistert, dass ich meine Ruhe haben wollte.«

»Verstehe. Ich rede mit ihm. Wir machen heute nicht so lang, dann ist eh Wochenende und du hast zwei Tage frei.«

Bernauer schickt also meinen Abholer wieder weg, heute aber ohne Essen zu bestellen, bis dahin werde ich oben sein.

Kaum sind wir allein, will er, dass ich mich ganz ausziehe und auch er legt alles ab. Großer Bär, ja, Fell, fast überall, sein Schwanz sticht richtig hell hervor. Ich blase, dann schiebt er mich zur Seite, kippt den Inhalt eines Wagens mit dreckiger Gefängniswäsche auf den Boden, lässt sich rücklings darauf fallen. »Komm, steck ihn dir rein! Reit auf mir!« Er grinst dreckig.

Ich schmiere mich ein, stelle mich über ihn, gehe in die Knie, halte seine stocksteife Latte fest, versenke sie in mein Loch, lasse mich fallen, bis ich auf ihm sitze.

»Du verkraftest meinen Schwanz wie nix, was? Schafft nicht jeder! Jetzt reit auf mir, du Sau!« Es gefällt ihm, mich zu beschimpfen.

Seine Nippel stehen wie kleine Berge aus einem Urwald hervor, damit spiele ich, während ich meinen Arsch hebe und senke, immer wieder, ich werde schneller, er packt mich an den Hüften und fängt an, mich von unten zu hämmern. Es wirft mich nach vorne, so stößt er zu, ich muss mich neben seinem Hals abstützen, er greift mir in den Nacken, drückt meinen Kopf dem seinen entgegen, steckt mir seine Zunge in den Mund, hart und rau, nun fickt er mich oben und unten. Mein Steifer klemmt zwischen uns, es ist fast, als ob er in einem Loch stecken würde, und diese dreifache Reizung an Maul, Schwanz und Arsch treibt es mir heraus, mit meiner Beherrschung ist es vorbei, laut stöhnend same ich zwischen unseren Bäuchen ab.

Bernauer macht weiter, stopft mich mit aller Gewalt, sieht mich an. »Was ist?«

»Komm. Bitte.«

»Bitte was?«

»Bitte spritz mir in den Arsch!«

»Ja! Gleich … gleich …« Er legt noch mal an Tempo zu, endlich kommt er. »Du Sau … du Sau …« Er schreit fast.

Ich lasse seinen Pimmel noch in mir schrumpfen, dann steige ich ab, wische uns beide mit hier rumliegenden Unterhosen sauber, das Zeug muss eh gewaschen werden.

Bernauer hat mich zurückgebracht und dann noch allein mit Oleg gesprochen. Nach dem Essen schickt der Mischa und Alexej raus, weil er mit mir reden will. Mir ist etwas mulmig, obwohl ich mir keiner Schuld bewusst bin.

»Kleiner, Bernauer sagt, du arbeitest gut und bist nett zu ihm. Trotzdem, gestern muss Ausnahme bleiben! Hast du verstanden?«

»Klar, Chef.«

»Ich hoffe. Zweitens, wegen Frühstück gestern. War okay. Wenn dich einer blöd anredet, du kannst blöd zurückreden. Aber nur reden! Will keinen Ärger hier. Klar?«

»Klar.«

»Drittens. Wenn du sagst, dir gefällt gefickt werden, musst du dich nicht wundern, wenn sie dich ficken wollen. Am Wochenende viele werden wollen. Weil es dir gefällt. Klar?«

Scheiße, er weiß wirklich alles. Und meine Bemerkung beim Frühstück war in der Tat nicht sonderlich intelligent.

»Klar???« Laut.

»Klar.« Kleinlaut.

»Gut. Bin fertig. Kannst gehen.«

»Ääh … Oleg, ich hab auch noch was.«

»Wichtig?«

»Ja, wichtig.« Ich schildere meinen Verdacht. »Sie arbeiten so wenig wie möglich. Aber sie wollten unbedingt diese Wäschesachen sortieren. Vielleicht kommen so Drogen hier rein. Soll ich es Bernauer sagen?«

»Sind von welchem Flur?«

»F.«

Er überlegt. »Kann sein. Ihr Chef lügt mich an. Muss nachdenken.«

»Oleg?«

»Was willst du noch?«

»Vorgestern Abend müssen sich zwei vor unserer Tür einen runtergeholt haben.«

Seine Augen werden zu schmalen Schlitzen. »Wieso denkst du zwei?«

»Schau dir die Tür an.«

»Muss dich nicht interessieren, Kleiner. Klar?«

Er weiß mit Sicherheit, wer da war. Und er will nicht, dass ich es weiß.

»Wir haben kein Russisch-Buch«, sagt Max, als er zum Einschluss kommt. »Aber ich hab dir was ausgedruckt.« Er hat ein Blatt mit einer Tabelle von lateinischem und kyrillischem Alphabet mit Lautschrift, dazu gibt er mir einen Schreibblock. »Für den Anfang.«

»Vielen Dank, Herr Wachtmeister!«

Er nickt nur und sperrt uns ein.

Oleg ergänzt handschriftliche Versionen der fremden Buchstaben, ich versuche, es mir einzuprägen und übe die Aussprache, alle lachen mich aus. Aber nicht gehässig, freundlich.

»Heute ist er nicht müde«, stellt Oleg später fest.

»Aber ich«, sagt Mischa, breitet meine Bettdecke trotz meiner Proteste auf dem Boden aus, legt sich nackig mit gespreizten Beinen auf den Bauch, bettet den Kopf auf seine Arme. »Leck mich!«

So wie er daliegt, würde sein strammer Hintern auch zum Ficken einladen, aber ich wage nicht, das vorzuschlagen, knie mich hinter ihn, streiche über seinen Rücken, lasse meine Hände auf ihm wandern, es scheint ihm zu gefallen. Ich knete seinen Arsch, lecke darüber, nähere mich langsam seiner Kimme, lasse meine Zunge die ganze Spalte entlanggleiten, an seinem Loch verharre ich, spiele damit, wohliges Brummen kommt, ich nehme die Hände zu Hilfe, ziehe seine Backen auseinander, bewundere diesen Mackerarsch. Nun komme ich noch besser dran, ich wühle mich mit dem Gesicht geradezu in ihn, möchte mich in ihm vergraben, meine Zunge bohrt sich in ihn, das Brummen wird lauter.

Oleg hockt auf seinem Bett und kuckt uns zu, knetet seine Beule, Alexej kann ich nicht sehen, doch ein paar feste Schläge auf meinen in die Höhe gereckten Po machen klar, wo er ist. Er greift mir unter den Bauch, öffnet meine Hose, zieht sie mir runter. Ich lasse dabei nicht von Mischas Loch ab, strecke die Beine, so geht es besser, mein Hintern liegt schon frei, doch Alexej macht weiter, bis ich links aus allem rausgeschlüpft bin. Nun kann ich die Beine breit machen, das ist sicher das, was er will, er will in mich rein.

Nun, da er mich untenrum nackt hat, patscht mir Alexej einige Male schnell hinten drauf, beide Seiten, zack, zack, zack, genauso schnell, wie er gefickt hat, es tut nicht wirklich weh, aber mein Arsch wird warm und sicherlich auch rot.

Ich lasse kurz von Mischa ab, doch der brummt gleich »Weitermachen!«, und so schlabbere ich wieder über seinen Hintereingang.

»Willst du erst, Chef?«, fragt Alexej, doch Oleg winkt ab. »Ich knall ihn nachher.« Inzwischen hat er ausgepackt, wichst seinen Prügel in meine Richtung, will mir zeigen, was mich erwartet.

Alexej schmiert mich mit irgendwas ein, und da kommen schon seine Finger, wie letztes Mal fühlt er vor, ehe er seine Latte ansetzt und mich aufbockt. Ich muss kurz von Mischa ablassen, so heftig war der Stoß, da kommt der mit seinem Arsch hoch, wichst sich selbst, ich lecke wieder sein Loch, während meines nun durchgezogen wird. Alexej geht ganz raus, kommt wieder rein, seine fette Eichel bricht jedes Mal den Widerstand meines Lochs und bohrt mich auf.

Er stellt um auf diese ganz schnellen Rosettenstöße, nur Nillenkopf raus und rein, ich muss aufpassen, dass er mich damit nicht zum Abschuss bringt, schließlich wird sich Oleg auch noch in mir austoben wollen. Alexej drückt meinen Kopf von hinten gegen Mischas Arsch, meine Zunge wird allmählich taub, doch ich lecke weiter, hoffe, ihn so zum Abspritzen zu bringen, nicht dass der auch noch bei mir hinten rein will.

Es gelingt, Mischa wichst schneller, sein Brummen wird

lauter, sein Loch zuckt, er kommt, während Alexej mich weiter bürstet.

Mischa steht auf, da sehe ich unter mir die Bescherung: Er hat auf meine Decke gespritzt!

»Mischa, du bist ein Ferkel!«

»Kann sein. Ich Ferkel, aber du Sau!«

Oleg hat mitgekriegt, was passiert ist, kommt her, stellt mir einen Fuß in den Nacken, drückt meinen Kopf runter in Mischas Soße, ich bin hin- und hergerissen, ist das nun widerlich oder geil, doch ich komme nicht zum Überlegen, denn Alexej findet offensichtlich saugeil, was Oleg mit mir macht, er haut mir seinen Hammer nun wieder mit aller Macht in ganzer Länge rein, stöhnt etwas auf Russisch, füllt mich ab, pumpt mich voll. »Da … da … da.«

Oleg nimmt seinen Fuß von mir runter, schiebt Alexej beiseite, stellt sich breitbeinig hinter mich, beugt die Knie, bleibt aber stehen, meine Fotze klafft offen, erwartet ihn.

Plätschern aus dem Klo, Alexej ist pissen gegangen, und mein Loch ist schon wieder gestopft. Mit einem seiner langen Arme drückt Oleg mein Gesicht in die verschmierte Decke, mit dem anderen schnappt er sich meinen Pint, umfasst ihn mit seiner Pranke, und im Rhythmus seiner Stöße in meinen Hintern massiert er auch meine Latte.

»Ich mach dich fertig, Kleiner. Spritz ab! Los!«

In dieser Stellung, Schulten und Arme am Boden, Arsch in der Höhe, erreicht Oleg mit der enormen Länge seines Fickprügels einen Punkt in mir, der mich bald zur Explosion bringen wird, zumal ja seine Faust mich weiter melkt.

Ich lasse mich treiben, dem Höhepunkt entgegen, kann sowieso nichts machen, es zieht in meinen Eiern, ich will jetzt kommen, ich will ... ja, es schießt aus mir heraus, natürlich auch auf meine Decke, ist jetzt egal, es war einfach zu geil.

»Schwein!« Oleg verpasst mir noch einige heftige Stöße, dann reißt er sein Rohr raus, spritzt zielgenau in meine Kimme, von da läuft und tropft sein Eierschleim runter.

Sein Fuß auf meinem Hintern presst mich auf den Boden, ich liege platt in seiner und meiner frischen Wichse.

»Kannst du morgen Bernauer fragen, ob er dir Bettzeug wäscht!«

Wir sind in unseren Kojen, Spermageruch liegt in der Luft, bei mir natürlich am stärksten, trotzdem, es war geil, die drei wollten es mit mir treiben. Oleg wird mich in seiner Zelle behalten wollen. Ich gehöre dazu.

11. Duschorgie

Gegen sieben wird aufgeschlossen, die anderen bleiben noch liegen, aber ich will schon mal raus. Es ist neue Wichse außen an unserer Tür, in unterschiedlichen Höhen, da muss ein sehr großer Typ dabei gewesen sein.

Ich dachte, die Dusche vielleicht für mich zu haben, doch das war ein Irrtum, es gibt hier mehr Frühaufsteher, im Vorraum sind etliche Garderobenhaken schon belegt. Es hilft nichts, ich muss da durch, ich kann nicht den ganzen Tag im Bett bleiben, in der Hoffnung, dass sie mich da in Ruhe lassen.

Als ich in den Duschraum komme, sind da bereits sieben oder acht Kerle, waschen sich die Haare, untern den Armen, seifen sich ihr Gehänge ein oder ihren Hintern, beachten sich gegenseitig nicht weiter.

Das ändert sich, als mich der Erste bemerkt, er macht die anderen aufmerksam, ich verstehe nichts, aber es ist klar, sie haben auf mich gewartet, sich abgesprochen, was sie mit mir machen wollen. Ich muss da durch.

Die beiden Ivos sehe ich, sonst kenne ich keinen … doch, mein Nachbar vom Frühstück neulich ist auch dabei, der,

der mir zu meiner Retourkutsche auf die blöde Bemerkung von Iwan gratuliert hat, der scheint zumindest ganz verträglich. Er kommt zu mir. »Morgen, Daniel!«

»Morgen, Zlatko.« Ich schraube meine Shampooflasche auf.

»Warte. Mach das nachher.« Er nimmt mir die Flasche aus der Hand, legt diese auf seinen schon deutlich erregten Pimmel. »Du weißt, was wir wollen. Hast gesagt, gefällt dir. Zeig's uns!«

Von hinten drückt man mich runter, alle bilden einen Kreis um mich, sie legen sich gegenseitig die Arme um die Schultern, ich knie in der Mitte, bin umgeben von sieben, nein acht, Leibern, sechzehn Beinen, acht Männerschwänzen, acht Eiersäcken, die alle ihre Ladung loswerden wollen. Dicke, dünne, lange, kurze, gerade, krumme, schlappe, steife Pimmel rund um mich herum.

Ich kucke nicht hoch, versuche gar keine Zuordnung von Geschlecht zu Gesicht, ich fange einfach an, sauge an dem erstbesten Dödel vor mir und greife nach den beiden Nudeln daneben, widme mich ihnen, bis sie stehen, dann rutsche ich drei Schwänze weiter, lasse ihnen die gleiche Behandlung angedeihen, ich glaube, ich lutsche nun Ivo eins, den kenne ich ja schon. Ich rücke weiter, wenn ich ganz rum bin, werde ich jeden einmal geblasen und zweimal gewichst haben, Bernauer wird sich allein an den Zahlen aufgeilen. Ich nuckle am dritten Rohr, als meinen Rücken ein heißer Strahl trifft, das kommt nicht von der Dusche, einer hat angefangen zu pissen, diese Sau! Nicht allen hier gefällt das, einige Bemerkungen, die jetzt fallen, klingen verärgert, doch der Täter lässt sich nicht beirren, lässt es laufen, ich hoffe, dass er damit die anderen nicht auf die gleiche Idee bringt. Pisse unter der Dusche ist schon okay, aber nicht achtmal.

Zum Glück sind die anderen wohl schon zu erregt, um noch schiffen zu können, und so drehe ich weiter meine Runden, vergesse das Zählen, weiß nun schon, welcher Krummdolch neben welcher Lanze steht, welcher Schamhaarbusch zu welchem Tattoo gehört, wer mich ins Maul fickt und wer sich eher bedienen lässt, wer irgendwelche für mich unverständlichen Sauereien loslässt, wenn er grade dran ist, und wer nur stöhnt.

Der Erste fängt an, schon etwas Seim abzusondern, dem widme ich mich nun intensiv, der Rest muss eben warten, ich sauge wild an ihm und bin erfolgreich, er muss den Arm von der Schulter seines Nachbarn genommen haben, drückt meinen Kopf an sich, stößt heftig mit den Hüften, jault auf, ergießt sich in meinen Mund, und da trifft mich von links eine weitere Portion Sperma, noch einer ist gekommen, hat mich eingesaut.

Die beiden verlassen die Runde, der Kreis um mich löst sich auf, ich weiß nicht, wer mir ins Maul gespritzt hat, Ivo eins war es nicht, es ist ein anderer Geschmack.

Sie haben genug von dem Blaskonzert, ich wusste, sie werden sich damit nicht zufriedengeben, sie wollen mich ficken. Ivo eins und Ivo zwei fangen an, sie drängen mich in die Hundestellung und pflanzen mir hinten und vorne ihre Prügel rein, Ivo eins ist in meinem Arsch, da war er noch nicht, Ivo zwei ist der Krummdolch, sein Pimmel macht eine richtige Kurve, nicht uninteressant die Form.

Sie schieben mich zwischen sich her, wenn mich der Hintere knallt, nimmt der Vordere einen neuen Anlauf, presst mir Nummer zwei vorne sein Gerät in den Schlund, holt Nummer eins hinten aus. Lautes geiles Klatschen, wenn seine Lenden auf meine Arschbacken treffen.

Vier Kerle stehen noch um uns rum, warten, bis sie drankommen, es klingt, als ob sie meine Ficker anfeuern, ich meine, Ungeduld rauszuhören.

Ivo eins hinter mir wird schneller, heftiger, der Takt der beiden kommt durcheinander, von hinten werde ich nun rabiat gestopft, rücksichtslos, der Typ will einfach kommen, ich kneife mein Loch zusammen, damit habe ich ihn, er brüllt kurz auf, geht raus, spritzt mir auf den Rücken, er wollte wohl, dass die anderen sehen, wie viel er drauf hat.

Mein Arsch bleibt nicht unbesetzt, schon steckt der Nächste in mir, keine Ahnung wer, ein Durchschnittsschwanz, doch sein Besitzer ist phantasievoller als Ivo eins, er fickt nach rechts, nach links in mich rein, von oben, von unten reizt er mich. Derweil ist vorne Ivo zwei endlich gekommen, wieder ein anderer Geschmack, was findet Fabian daran widerlich?

Auch meine Maulfotze ist gleich wieder gefüllt, da ist nun der Typ mit der besonders kratzigen Wolle, der war mir bei der Blasrunde vorhin schon aufgefallen.

Phantasie und Ausdauer bedingen sich nicht unbedingt, mein hinteres Loch hat eine Sameninjektion gekriegt, da war ein Schnellschütze zugange.

Als Nächstes fädelt ein fettes Rohr ein, ein richtiges Kaliber ist das, verlangt sogar mir was ab, und ich bin einiges gewohnt. Dem Hengst scheint bewusst, was er der Stute da zumutet, er geht langsam ran, lässt mir Zeit, mich an seinen Bolzen zu gewöhnen.

So kann ich mich intensiver um den Kratzbär vor mir kümmern, spiele mit seinen Klunkern, nuckle auch daran, das gefällt ihm, er gibt sich die Faust und steckt mir seine Keule erst zum Abschuss wieder in den Rachen.

Hinten werde ich nun in einem angenehmen Galopp gebockt, habe mich an das Ding in mir gewöhnt, während mir vorne einer mit seinem Samen das Gesicht vollspritzt, der konnte sich offensichtlich nicht zurückhalten, und hat es sich selbst gegeben, während mich die Kollegen durchgezogen haben.

Wenn ich richtig gezählt habe, müsste das der Letzte gewesen sein, nur der in meinem Arsch muss noch fertig werden, doch in meinem Blickfeld sind neue Füße aufgetaucht. Sicher, die Leute stehen auf, kommen in die Dusche, sehen, wie ich hergenommen werde, schieben vielleicht eine Morgenlatte …

Eine Stimme von oben. »Kleiner, wie viel hast du heute schon?« Oleg.

»Acht!«, keuche ich.

»Ist genug! Zlatko, mach noch fertig, dann lasst ihn. Kleiner, du kommst nach Frühstück gleich zu mir. Brauche dich! Klar?«

»Klar, Chef!«

Die Beine vor mir entfernen sich alle, Zlatko war langsamer geworden, nun legt er wieder einen Zahn zu, gut, dass er nicht in diesem Tempo angefangen hat. Er läuft auf Hochtouren in mir, ich lasse mich gehen, stöhne hemmungslos mit, es ist sowieso egal, jeder hat mindestens gesehen, was man mit mir machen kann, Schamgefühl ist für andere. Auch Zlatko wird laut, letzte hektische Stöße durchpflügen mich, dann spüre ich seine Soße in mich strömen, und da kommt es mir, mein überreizter Schwanz explodiert, es muss raus, ich bin froh, so lange durchgehalten zu haben.

Ich hocke mich hin, lehne mich an eine Wand, lasse mich von der Dusche berieseln, muss mich erst berappeln, ehe ich aufstehen kann. Ich sehe ein paar anderen zu, manche haben noch einen Ständer, zwei wichsen sich selbst, die wären sicher noch gern zum Zuge gekommen. Einer von beiden kommt sogar her, spritzt mir sein Zeug in die Haare, es ist mir jetzt so was von egal. Soll er, wenn's ihm Spaß macht.

Fabian kommt rein, nackig, sieht mich da sitzen, ist sofort bei mir. »Daniel, was ist? Alles in Ordnung? Haben sie dich…?«

Ich grinse ihn schräg an, nicke. »Sie haben. Aber jetzt ist Schluss. Es geht schon, danke.« Ich ziehe mich an seiner Hand hoch, meine Beine zittern noch ein wenig. Ich will jetzt wirklich duschen, sage Fabian, dass ich zu Oleg kommen soll.

»Denkst du, er will dich auch …«

»Keine Ahnung.« Ich glaube nicht, aber wer weiß. »Ich erzähl dir später mehr, will ihn jetzt nicht warten lassen.«

Er versteht, wir machen schnell, holen uns Kaffee, das

Wohnzimmer ist relativ leer und ich finde einen Tisch ohne direkte Nachbarn, spreche leise. »Ich bin zum Teil selbst schuld. Wenn ich sage, gefickt zu werden gefällt mir, und die anderen hören das …«

Er erinnert sich natürlich. »Und ich habe dich gefragt! Entschuldige, ich dachte nicht, dass das so … wie viele waren es?«

»Insgesamt … neun.« Fabian schlägt die Hände vors Gesicht, schaut so entsetzt, dass ich ihn beruhigen muss. »Es war nicht so schlimm. Nur drei hinten drin.«

»*Nur* drei? *Nur*?«

»Ich meine im Vergleich zu neun. Das wäre schlimm gewesen. Komm, ich muss los.«

Oleg sitzt in der Zelle, spielt mit seinem Telefon. »Wir müssen auf Steff warten.«

»Worum geht's?«

»Musst warten.« Er wird jetzt nichts sagen.

»Oleg?« Er sieht mich fragend an.

»Es stimmt schon, ich habe da was zu laut gesagt, aber heute, das war zu viel, wenn du nicht gekommen wärst, hätten sie weitergemacht, wer weiß, wie viele noch.«

»Ich weiß. Habe zugeschaut und Schluss gemacht, weil du nicht gelogen hast bei Zahl acht. Heute Abend, wir spielen Schach. Klar, Kleiner?«

Ich bin sprachlos, damit habe ich nicht gerechnet, staune mit offenem Mund.

»Mach Mund wieder zu. Weiß, was geht und was nicht. Musst lernen, Mund zu halten. Klar?«

»Klar. Danke.«

Stefan taucht auf. »Wo wollt ihr hin?« Auch er hat anscheinend keine Ahnung.

»Raus.« Erst als wir allein außerhalb unseres Traktes sind, rückt Oleg raus. »Bring uns zu Bernauer.«

Nun weiß ich, worum es geht.

Bernauer ist in seinem Kabäuschen, füllt Formulare aus, ist überrascht, uns zu sehen.

»Kleiner, erzähl!«, fordert mich Oleg auf, und ich schildere meine Beobachtung von gestern.

»Ja«, sagt Bernauer, »kann sein. Was tun wir?«

»Bringt die Sachen jedes Mal der gleiche Fahrer?«, will ich wissen. »Und wann kommt er wieder?«

»Es ist immer derselbe. Kommt Montag früh wieder. Einer unserer größten Kunden.«

Stefan und Bernauer bereden sich, sie wollen den Direktor einschalten, bei außergewöhnlichen Vorkommnissen wäre er auch am Wochenende zu sprechen.

Oleg schickt mich raus. »Warte draußen, Kleiner. Muss noch mit Steff und Bernauer reden.« Sie unterhalten sich in dem Büroverschlag, telefonieren, ich sortiere derweil gewaschene Knastsachen nach Buchstaben.

Nach einer gefühlten Ewigkeit winken sie mich wieder rein, Stefan erklärt: »Ich werde dich am Montag früh vor den anderen hierherbringen, dann wirst du erfahren, was du wissen musst. Bis dahin kein Wort zu niemandem, verstanden?«

»Auch nicht Fabian!«, ergänzt Oleg. »Sie werden denken, Steff und ich hätten dich jetzt hergenommen. Sollen sie.«

»Verstehe, ich halte den Mund. Aber es darf auch nicht

rauskommen, dass ich was gesagt habe! Womöglich laufe ich den anderen mal allein über den Weg!«

»Ist uns klar. Außer uns hier und dem Direktor wird niemand davon erfahren. Versprochen. Ich hätte dich gern noch hierbehalten, aber Oleg meint, für heute hättest du genug gehabt. Schade.« Bernauer leckt sich die Lippen und Stefan bringt uns zurück.

12. Wochenendsex

Oleg übt mit mir Diktat, einzelne Buchstaben, großes *Ge*, kleines *Er*, es geht ganz gut, nur mit *cha*, *scha*, *sche* komme ich immer durcheinander. Danach will er allein sein, und ich gehe mit meinem Buch ins Wohnzimmer. Vier Mann spielen am Kicker, Mischa und Alexej unterhalten sich mit ein paar anderen, ich verziehe mich in eine Ecke.

Nach einer Weile kommt Fabian, setzt sich zu mir. »Was wollten sie? Oleg und der blonde Aufseher?« Wir flüstern nun automatisch.

»Stefan. Wieso weißt du davon?«

»Ich habe gesehen, wie ihr gegangen seid. Wieso nennst du ihn Stefan? Hast du mit ihm auch schon …? Haben sie dich deshalb geholt?«

»Frag nicht.« Natürlich denkt er sich nun ein »ja«. Soll er. »Hat's Stefan bei dir noch nicht probiert?«

»Ich sollte ihm mal einen blasen. Aber er hat mich in Ruhe gelassen, als ich nicht wollte.«

»Mir hat er gesagt, er zwingt keinen. Dann stimmt das anscheinend.«

»Und du hast also freiwillig mit ihm … seid ihr alle so?«

»Fabian, wenn du mit ›ihr‹ *die* Schwulen meinst, wir sind genauso unterschiedlich wie Heteros auch. Es ist höchstens so, dass Männer vielleicht grundsätzlich öfter wollen. Ich finde Stefan ziemlich attraktiv. Und kennst du einen besseren Zeitvertreib als Sex?«

»Und das heute früh?«

»Das war zu viel, das hätte ich so nicht gewollt. Es war schon geil, nur zu viel. Aber du hast selbst gemeint, es hat keinen Sinn, sich zu wehren. Und Oleg hat gesagt, ich muss nicht jeden Tag jeden ranlassen. Aber auch nicht nie niemanden. Damit kann ich grundsätzlich leben. Was anderes: Wer sind die Kerle hier? Ich muss mir mal Namen merken.«

Er sieht sich um. »Am Kicker Artur, Emil, Eugen und Adam. Sie werden dich in Ruhe lassen, wegen ihrer Religion. Am Tisch bei Mischa sitzen Iwan, Sergej und Niko, bei denen ist die Geilheit größer als der liebe Gott. Und bei Sergej der Schwanz noch größer.«

»Mir hat heute Morgen Zlatko schon gereicht.«

»Ist etwa vergleichbar.«

»Fabian, musst nicht antworten, aber … wenn dich einer bumst, kommst du dann auch mal? Oder lässt du's nur so über dich ergehen?«

»Daniel, ich bin nicht schwul, ich hoffe immer, dass sie bald fertig sind. Dass es für den Ficker geil ist, kann ich mir noch irgendwie vorstellen. In der Rolle bin ich aber nicht. Können wir das Thema bitte lassen?«

»Sicher. Was anderes: Wann kommen wir eigentlich mal raus? Hofgang, oder Sport, oder so?«

»Heute Nachmittag, eine Stunde, meist zusammen mit denen von H.«

»Das geht auch nach Fluren?«

»Ja, sie können nicht alle gleichzeitig in diesen Hof lassen, das wäre viel zu unübersichtlich. Leute aus anderen Trakten triffst du bei der Arbeit oder im Hof, in diesem alten Kasten hier gibt es keinen großen Raum für alle. Die meisten Mitbewohner siehst du also nie.«

»Und die Aufseher?«

»Wechselt. Die haben Schichtdienst, weil ja nachts und am Wochenende auch wer da sein muss.« Er lauscht. »Das Essen kommt, gehen wir.«

Es gibt Würstchengulasch.

Sie haben uns in den Hof geführt, sechs Aufseher für uns dreißig Mann. Den Hof, in dem ich Anfang der Woche angekommen bin. Es ist noch nicht mal eine von 156 Wochen vorbei, und doch ist mein Leben draußen schon so weit weg.

Die meisten gehen grüppchenweise umher, ein paar schnappen sich den Basketball und spielen, ein schmaler Blonder schließt sich Fabian und mir an, Björn heißt er, erfahre ich, dann kommen noch zwei, das müssen Brüder sein, Pavel und Pjotr, beide wirken wie der ganz junge Nurejew.

»Nun sind wir komplett«, stellt Fabian fest. »Die Sexarbeiter von Flur D.«

Ich verstehe nur zu gut. »Ist außer mir jemand schwul?«

»Nein«, sagt Björn. »Von uns nicht. Von denen, die uns ficken, schon, aber die geben's nicht zu. Haben Angst, dass es rauskommt. Verstehe ich sogar. Gehen wir, Füße vertreten.«

Wir sind halb um den Hof rum, als eine weitere Gruppe

Gefangener kommt, auch sie begleitet von sechs Wachleuten. Ihre und unsere Gruppe vermischen sich nur wenig, man bleibt für sich, ich beobachte sie nur, überlege, wer von ihnen unsere Rollen spielt. Spielen muss.

»Wie oft dürfen wir eigentlich raus?«, will ich wissen. »Nur einmal die Woche?«

»Dreimal. Montag, da warst du noch nicht hier, Mittwoch ist wegen Regen ausgefallen, und eben Samstag. Nicht viel Abwechslung.«

Wir umrunden den Hof einige Male, bis sie uns wieder reinbringen.

Als wir drin sind, holt Oleg gleich das Schachspiel in unsere Zelle.

Es gelingt mir, ihn in ziemliche Schwierigkeiten zu bringen, mit Mühe rettet er sich in ein Remis. »Bist gut. Spielen wir heute Abend noch mal.«

»Oleg, wegen heute Abend …«

Er sieht mich mit erhobenen Augenbrauen an. »Was?«

»Also, ich … ich mach's euch gern mit dem Mund, wenn ihr wollt. Ist das okay?«

»Was sagt ihr?«, fragt er Mischa und Alexej, die in ihren Betten liegen.

»Besser als nix, aber Arsch noch besser.« Mischa.

»Könnt darum spielen!« Alexej.

Oleg stimmt zu. »Idee ist gut, wir spielen. Wenn ich gewinne, Ficken, sonst Blasen.«

Vor dem Abendessen, aufgewärmtem Würstchengulasch, übe ich Buchstaben, danach spielen wir wieder. Ich bin vorsichtig, arbeite auf ein Remis hin, bis mir ein wirklich schwerer Patzer unterläuft. Oleg zögert, er erkennt die Chance, die sich ihm bietet, doch er nutzt sie nicht, macht einen völlig unsinnigen Zug, der mir Vorteile verschafft, ich könnte ihn recht schnell matt setzen. Natürlich mache ich es nicht, was nun folgt, ist nicht mehr ernst zu nehmen, das wissen wir beide und einigen uns nach ein paar weiteren Zügen auf Remis.

Ich inhaliere die drei Russenschwänze, ich mache es ihnen, besonders Oleg, wirklich schön, ich habe selten mal so hingebungsvoll geblasen, zwischendurch lecke ich Mischas Arsch, weil der das haben will, alle drei mache ich selbst fertig, sie müssen nicht Hand an sich legen, alle spritzen sie mir ihre Soße ins Maul, keiner beklagt sich hinterher.

Die Spermaflecken von gestern sind noch in meiner Decke, das mit dem Waschen habe ich total vergessen. Aber … vielleicht will ich es gar nicht gewaschen haben. Ich nehme einige Blätter Klopapier mit ins Bett, wir löschen das Licht, dass ich mir jetzt noch einen runterhole, können die anderen ruhig hören.

Wir, die Sexarbeiter, haben uns für halb acht zum Duschen verabredet, in der Hoffnung, dass sie uns in Ruhe lassen, wenn wir zusammen da auftauchen. Die Rechnung geht tatsächlich auf, man beglotzt uns, aber keiner kommt her. Wir setzen uns auch zum Frühstück zusammen, wissen aber, dass wir diese Taktik nicht ewig werden durchhalten können.

Oleg kommt an unseren Tisch. »Wollt ihr Gewerkschaft gründen? Oder streiken? Überlegt euch das lieber!« Er klingt amüsiert, vielleicht ist er es sogar wirklich.

»Du siehst«, sagt Fabian, »er wird nicht brutal oder zwingt uns zu irgendwas. Er muss nicht mal laut werden. Wir wissen auch so, was los ist. Am Sonntag am meisten, weil allen langweilig ist. Also nehmen sie sich einen von uns. Du wirst auch drankommen.«

»Fabian weiß Bescheid«, kommentiert Oleg, der bei uns stehen geblieben ist. »Ihr müsst nur nett sein zu Männern und alles ist gut.« Er geht weg.

»Da hast du's. Wir müssen nur ›nett‹ sein.« Fabian wird sarkastisch.

»Trotzdem, ich bin lieber hier. In anderen Fluren ist es nicht besser. Eher im Gegenteil«, erklärt Björn. »Ficken wollen sie überall. Da kommt schon Iwan. Er wird sich einen von uns aussuchen, jede Wette.«

So ist es, Iwan geht zu uns, deutet auf mich. »Du da, komm!«

»Geh!«, flüstert Fabian.

Ich bleibe sitzen, sehe Iwan direkt ins Gesicht. »Ich habe einen Namen.« Laut, sollen ruhig alle hören, auch Oleg, der noch im Zimmer ist.

Iwan ist perplex, dass jemand wie ich nicht sofort springt, wenn er was will.

Es wird still, alle scheinen mitgekriegt zu haben, dass hier was passiert. Oleg kommt her. »Was ist los?«

Iwan redet russisch und Oleg wendet sich zu mir. »Er sagt, du willst nicht.« Drohender Unterton.

Ich bleibe ganz ruhig und sachlich. »Erstens habe ich das

nicht gesagt, und zweitens ist nicht die Frage, ob ich will. Aber ich bin … wir sind jemand, nicht einfach nur Löcher, die ihr euch zum Ficken holt. Es bricht keinem ein Zacken aus der Krone, wenn er uns mit Namen anredet und nicht mit ›du da‹. Jetzt können wir gehen. Komm mit, Iwan!« Ich marschiere zur Tür, warte, was passiert.

Oleg funkelt mich an, er ist wütend und findet aber keinen Grund, mich anzumotzen. Ich habe klar gemacht, dass ich mich nicht widersetze. Aber ich wollte was gesagt haben.

Iwan steht immer noch da, er scheint mir nicht der Allerhellste. Oleg gibt ihm einen Stoß. »Geh schon und fick diese vorlaute Kröte!«

Ich lasse Iwan vorausgehen, Sergej und Niko folgen uns in eine Zelle, sehr ähnlich der meinen. Ab jetzt werde ich machen, was sie wollen. Nett sein.

»Zieh Hosen aus!«, verlangt Sergej, währenddessen reden die drei, fallen sich gegenseitig ins Wort, streiten, aber natürlich verstehe ich nichts.

»Leg dich auf Bauch! Da! Fange an!« Iwan deutet auf ein Bett und ich lege mich hin, mache die Beine breit, bereit, mich besteigen zu lassen. Iwan zieht sich nicht aus, holt nur seinen Schwanz aus der Hose, wichst sich hart, schmiert sich mit irgendwas ein, robbt auf dem Bett zwischen meine Beine, stochert herum, bis er mein Loch findet, und als er endlich drin ist, rammelt er sofort drauflos. Karnickel ist hier die treffende Beschreibung und »Doof fickt gut« kann man wirklich nicht sagen, ein einfallsloses Rein-Raus ist das, und so kommt von mir keine Reaktion, null, soll er sich ausficken, absteigen und fertig. Kondition hat er auch keine, bald brüllt er auf, spritzt ab, geht runter, haut mir auf den Arsch, verschwindet. Billig.

Sergej hält es ebenfalls nicht für nötig, aus seinen Hosen zu steigen, aber zumindest kommt er zuerst ans Kopfende, sieht mir in die Augen, hält mir seinen Pimmel zum Lutschen hin, und der entwickelt sich tatsächlich zu echt beeindruckender Größe. Wenn der erst in mir steckt, werde ich nicht so teilnahmslos bleiben können wie eben.

»Mach Loch auf!«, fordert er, als er hinter mir ist, und ich entspanne meinen Hintern, als er seinen Pfeifenkopf ansetzt, er macht langsam und das ist auch gut so, denn es ist wirklich ein enormes Teil, das er mir da hinten reinschiebt, und obwohl Iwan vorgebohrt hat, bin ich froh, als diese fette Eichel endlich drin ist und er nur noch seine locker zwanzig Zentimeter nachschiebt. Nun legt er los, wirklich aufregend ist auch sein Fickstil nicht, aber allein sein Format lässt mich geil stöhnen und das gefällt ihm, er knallt sich in mich rein, babbelt russisch, bricht bald über mir zusammen, während er in mir ablädt. Besser als Iwan, aber auch nicht berauschend. Abgang.

Bleibt noch Niko, mit dem bin ich nun allein. Er hat sich ausgezogen, dreht mich auf die Seite, legt sich hinter mich ins Bett, reibt sich an mir und tastet nach meinen Schwanz, der sich bei den Vorstellungen der andern beiden nicht geregt hat.

»Geht's noch?«, will er wissen, küsst mich sogar in den Nacken, ein Romantiker.

Ich drehe meinen Kopf, küsse ihn auf den Mund, er lässt es zu, ich verstehe seinen Blick, er ist schwul, aber er würde es nie sagen. Ich wetze meinen Hintern an ihm, sein Pimmel reagiert sofort, er wird nicht so groß wie Sergej, aber das ist egal, ich stecke ihn mir rein, und als er anfängt zu bumsen, ist es ganz anders, er fickt nicht wild drauflos, er hält sich an mir fest, er nimmt mich, ja, aber er will, dass ich mitmache, dass ich was davon habe, das ist ein Fick, den ich genießen kann. Er lässt sich Zeit, wir lassen uns treiben, es ist echte Wollust, die uns geil stöhnen und schließlich aufschreien lässt, als es uns beiden kommt.

»Komm mit!« Oleg wartet auf dem Flur, geht voraus in unsere Zelle. Er ist immer noch geladen und entsprechend laut. »Was denkst du, wer du bist?«

Ich antworte sehr leise, dass ich mir nicht alles gefallen lasse, muss keiner hören. Oleg ist klug genug, um meine Absicht zu verstehen.

»Jedenfalls nicht ›Du da‹. Für niemanden. Ich habe mich gerade von drei Kerlen ficken lassen. Was willst du noch? Aber ich bin Daniel und nicht ›Du da‹! Und die anderen sind Fabian, Björn, Pavel und Pjotr. Das können sich alle merken.«

»Kleiner, ich bin der Chef, und wenn ich sage …«

»Ich habe nichts gesagt oder getan, was deine Rolle als Chef in Frage stellt, oder? Aber Iwan ist ein ungehobelter Trampel!«

»Verschwinde!«

Ich nehme mein Buch mit, und als ich ins Wohnzimmer komme, winkt mir Zlatko gleich zu. »Hallo, Daniel!«, so laut und demonstrativ, dass alle mitkriegen müssen, was er damit sagen will, einschließlich Iwan und Sergej, die auch da sind.

Bald tauchen Fabian und Björn auf, ich sehe ihnen an, dass auch sie herhalten mussten, doch wir reden nicht darüber, reden überhaupt nicht viel, hier in der Öffentlichkeit, wir spielen Mensch-Ärgere-Dich-Nicht, man lässt uns in Ruhe.

Oleg will heute nicht Schach spielen, damit habe ich gerechnet, und so lerne ich still, bis Oleg mich vögeln will, auch das habe ich erwartet. Er bockt mich in der Hundestellung, und natürlich halte ich meinen Arsch hin, aber kommen werde ich jetzt nicht, da kann er rackern, so viel er will.

Er merkt es, drückt mich runter auf den Bauch, haut sich mit voller Wucht in mich rein, seine Lenden klatschen auf meinen Arsch, ich stöhne mit, will ihn nicht zu sehr provozieren, er spritzt sich in mir aus, und als Mischa und Alexej sagen, sie hätten keine Lust, schickt er mich ins Bett.

Souverän war das nicht, und ich bin sicher, das ist ihm selbst bewusst.

13. Razzia

Am Montagmorgen holt mich Stefan schon eine Viertelstunde früher ab als üblich, führt mich ohne Zwischenspiel in die Wäscherei, wo Bernauer bereits wartet und gleich erklärt: »Es soll ablaufen wie letzte Woche. Wenn wir die Schmutzwäsche reingebracht haben, gehe ich ins Büro und du beginnst zu sortieren. Ich beobachte, ob sie dich wieder wegschicken. Wenn nicht, wird nichts passieren, dann gehen wir davon aus, dass heute nichts dabei ist. Wenn doch, löse ich einen stillen Alarm aus, aber du musst nicht wissen, was dann passiert, du sollst ehrlich überrascht wirken, klar? Du wirst natürlich behandelt wie die anderen, es kann etwas grob werden, tut mir leid, aber auch die Kollegen wissen nicht, dass der Tipp von dir kam. Verstanden? Fang jetzt an, die Sachen fürs Haus zusammenzulegen.«

Ich mache mich an die Arbeit, Stefan geht, die von Flur F kommen, Bernauer gibt ihnen was zu tun und verschwindet in seinem Glasverschlag. Sie gehen rauchen.

»Er kommt.« Bernauer hat einen Anruf gekriegt, öffnet die großen Türen, alles läuft ab wie letzte Woche, und als ich beginne, die Hotelwäsche zu sortieren, kommen die anderen vom Rauchen zurück. »Machen wir.«

Ich sage nur »Aufpassen!« und wende mich wieder den Knastklamotten zu. Sie rollen die Hotelsachen in eine Ecke, was dort passiert, kann ich nicht sehen, doch Bernauer wird wissen, was zu tun ist, er hat alles registriert.

Einige Minuten vergehen, dann werden alle Türen aufgerissen und aus dem Flur und den beiden angrenzenden Höfen stürzen zehn oder zwölf Wachleute herein. »Alle stehen bleiben! Nicht bewegen! Mund halten!«

Zwei sind sofort bei mir, einer davon Max, er erkennt mich sicher, doch das lässt er sich nicht anmerken, dreht mir die Arme auf den Rücken, legt mir Handschellen an, sein Kollege knebelt mich, dreht mich mit dem Gesicht zur Wand, so dass ich nichts sehen kann. Im Hintergrund irgendwelche Satzfetzen, die aber immer sofort erstickt werden.

Im Pulk werden wir zum Arztzimmer gebracht. Stefan ist einer der Bewacher, die anderen kenne ich nicht. Jeweils einer wird reingerufen, es dauert und dauert, ehe er wieder rauskommt und weggeführt wird. Ich bin als Letzter dran.

Der Doc begrüßt mich mit »Hallo Herr Schuler, Ihre Blutwerte sind in Ordnung und der Drogentest war negativ. Bitte machen Sie sich frei.«

Der ist lustig. Wie soll ich das mit Handschellen?

Max schließt mir die Dinger auf, befiehlt »Ausziehen! Alles!«

Ich deute auf den Knebel in meinem Mund.

»Schön. Weil wir bei dir verstehen, wenn du was sagst.« Er nimmt ihn mir raus.

»Danke. Was ist …?«

»Frag nicht, zieh dich aus, bisschen plötzlich!«

»Ja, Herr Wachtmeister.«

Ich kann mir nicht helfen, Max' Tonfall, die Handschellen, seine ganze Art, es macht mich an, das sieht man meinem Pimmel auch an, als ich schließlich nackig bin. Max grinst süffisant und beginnt, meine Klamotten zu untersuchen, die Schuhe, alles.

Der Doc leuchtet mir derweil in die Augen. »Die Pupillen reagieren normal«, stellt er fest. »Ich muss Sie noch rektal untersuchen. Bitte beugen Sie sich über die Liege.«

Er fummelt wieder lange in meinem Arschloch rum. Max ist fertig, knurrt »Du bist sauber«, stellt sich dazu und schaut zu.

»Hier hinten auch.« Der Doktor zieht seine Finger raus, und natürlich habe ich einen Ständer, als ich mich wieder aufrichte. Und ich schäme mich nicht. Kein bisschen.

»Zieh dich an!«, kommandiert Max. »Sieh zu, dass du die Hose zukriegst!« Er legt mir wieder die Handschellen und den Knebel an, führt mich in einen Besprechungsraum, wo die Gefangenen mit ihren Bewachern und weitere Wachleute, darunter Bernauer, schon warten. Er kommt zu uns, Max sagt nur »sauber«, Bernauer nickt.

Der Direktor kommt herein und Bernauer berichtet. Man hat wohl bei allen außer mir entweder in der Kleidung oder dort, wo sie in der Wäscherei gerade waren, Rauschgift gefunden.

»Danke. Die Herren werden einzeln weiter befragt. Abführen. Bitte nehmen Sie Herrn Schuler die Handschellen und den Knebel ab, er scheint damit nichts zu tun zu haben. Und dann lassen Sie uns mit Herrn Bernauer allein, wir müssen klären, wie es mit der Wäscherei weitergeht.«

Als wir allein sind, bedankt er sich, mein Hinweis in diesem Fall würde natürlich in meine Akte aufgenommen.

Dann kommt die Wäscherei. Bernauer meint, mit drei vernünftigen Leuten wie mir käme er klar. Ich schalte mich ein. »Herr Direktor, könnte man Fabian Richter fragen, ob er zu uns kommen will? Er ist bei den Gärtnern, aber ich weiß, dass es ihm dort nicht gefällt.«

»Die Gärtner sollten genug Leute haben. Meinetwegen. Herr Bernauer?«

»Kenne ihn nicht. Ich rede mit Hinrichs von der Gärtnerei.«

»Gut. Ich überlege, wen Sie noch kriegen können. Das wär's. Danke, meine Herren.«

»Herr Direktor? Ich habe eine Bitte. Können wir eine Schachuhr bekommen?«

»Eine Schachuhr? Gehört nicht gerade zur Standardausstattung hier. Ich werde sehen, was sich machen lässt.« Wir sind entlassen.

Max wartet draußen und bringt mich in unseren Flur, da die Wäscherei heute weiter durchsucht wird. Ich frage, ob ich von der Razzia berichten darf.

»Kannst du, wird sich eh rumsprechen.«

»Gut. Und sperren Sie mir noch mal die Bücherei auf? Wenn Sie mehr Zeit haben?«

»Ich hol dich später ab!«

Die meisten sind bei der Arbeit, aber Oleg ist in unserer Zelle. »Was gibt's?« Ungnädig.

»Es gab eine Razzia. Sie haben bei den Kollegen in der Wäscherei Drogen gefunden.«

»So. Werde mit ihrem Chef reden.«

»Oleg?«

»Was willst du noch?«

»Oleg, ich weiß, du bist sauer wegen gestern, aber ich finde, ich habe vor den anderen nichts gesagt oder getan, was dich angreift. Darum geht es dir doch. Ich will nur nicht wie ein Stück Vieh behandelt werden. Als mich die Serben in der Dusche hergenommen haben, hat Zlatko vorher ›Morgen, Daniel‹ gesagt und nicht ›du da‹. Verstehst du?«

Er brummt Undefinierbares.

»Oleg, du weißt, dass ich fast alles mitmache. Für Iwan würde ich freiwillig die Beine nicht breit machen, aber ich hab's getan, weil ich weiß, dass ich muss. Und wie beschissen er fickt, werde ich keinem sagen. Reicht das nicht?«

Ein leichtes Zucken der Mundwinkel.

»Vorschlag: Du fickst mich, jetzt, hier. Ich werde laut sein. Ein paar sind draußen, alle werden es erfahren. Du bist der Chef. Aber ich bin kein Nichts.«

Er sieht mich an, mit diesem alles durchdringenden Blick.

»Ich habe den Direktor um eine Schachuhr für uns gebeten.«

Jetzt ändert sich sein Gesichtsausdruck, ist nicht mehr so hart.

»Zieh dich aus!« bellt er mich an, und ich weiß, ich habe gewonnen.

Im Nu bin ich nackig, krieche auf Knien zu ihm, er sitzt breitbeinig auf einem Stuhl, ich vergrabe mein Gesicht in seinem Schoß, taste über mir nach den Knöpfen seines Hemdes, öffne es, fahre mit den Händen unter sein T-Shirt, hoch zu seinen Brustwarzen, massiere sie, er öffnet seine Hose, schiebt sie runter zu den Knien, nun trennt mich nur noch der Slip von seinem Schwanz, ich rieche ihn schon, meine Hände greifen hinten in die Unterhose, kneten diesen Mackerarsch, er klemmt sich den Bund unter den Sack, endlich komme ich richtig dran, ich lecke an seinen Bulleneiern, seinem Pferdepimmel, er fordert lautstark, seinen Schwanz zu lutschen, und ich kann zwar nicht sprechen mit diesem Rohr im Mund, aber mein Stöhnen wird nach draußen dringen, und da wird jemand zuhören, das ist auch Oleg klar.

Er packt meinen Kopf, entzieht sich mir. »Was willst du?«

»Deinen Schwanz!« Das ist nicht gespielt, ich will ihn wirklich, will, dass er mich ins Maul fickt, und er greift mir ins Haar, hält mich fest und stößt mir in den Rachen, bei seiner Länge kommt er irgendwo hinten am Gaumen an, ich verschlucke mich fast an diesem Monstrum, dazu wieder diese stahlblauen Augen, wenn ich mal aufsehe.

»Genug! Jetzt leck mir Arschloch!«

»Ja, Chef!«

Er beugt sich über den Tisch, so wie ich, wenn ich mich fickbereit hinstelle, und nun wühle ich mich in seine Rückfront, ein geradezu himmlischer Arsch, ich kann gar nicht anders, als gleich bei seinem Loch zu beginnen, bohre meine Zunge hinein, er jault auf, greift mit einer Hand nach hinten, drückt mich an sich, in sich, ich kriege kaum Luft, lecke seine Spalte entlang, halte mich vorne an seiner Latte fest, sein Sack baumelt zwischen den Beinen, ich schlabbere an seinen Eiern, meine Nase ist in seiner Kimme, ich ziehe mir dieses geile Aroma rein, nuckle an seinen Klöten, was seinen Schwanz noch härter werden lässt, bald wird er, muss er, mich nageln, sonst kommt es ihm vorher noch, so weit kenne ich ihn schon.

Er richtet sich auf, stößt mich zurück. »Was willst du?«

»Fick mich! Bitte fick mich!«

»Leg dich auf den Tisch!«

Ich beuge mich so drüber, wie er gerade da stand, da packt er mit seinen Pranken zwischen meine Beine, hebt mich an und dreht mich rum, so dass ich auf dem Rücken zu liegen komme. »Will deine Fresse sehen, wenn du winselst um Gnade!«

Ein Batzen Fett an meine Fotze, er legt sich meine Beine über die Schultern und dann kommt er mit solcher Gewalt, dass ich wirklich um Gnade winsle, er hält sich an meinen Oberschenkeln fest und knallt mich volle Pulle, ich habe das Gefühl, sein Schwanz reicht bis in meinen Magen.

»Und jetzt, schwule Sau? Jetzt siehst du, wer Chef ist!«

Er stopft mich, ich wimmere dazu und versuche, meinen eigenen Dödel wieder aufzurichten, der war bei diesem Überfall zusammengefallen.

Nun hat er etwas Tempo und Kraft rausgenommen, es wird auch für mich geil, ich kann meinen Blick wieder auf seine Augen richten, er schaut lüstern, doch es ist nicht nur das, da ist etwas dabei, etwas Wärme, denke ich.

»Ja, fick mich, fick mich, fick mich …« Mit jeder Silbe

werde ich geiler, das ist jetzt nicht für die Zuhörer im Flur, das ist für ihn, und das merkt er auch und das spornt ihn zusätzlich an. Er war sowieso durch die Arschleckerei schon hochgradig erregt, dann seine heftigen Fickstöße, jetzt meine Augen, er wird wieder schneller, dann röhrt er los, pumpt und pumpt mich mit seinem Samen voll, das Pochen seines Mastes in meinem Loch treibt es auch mir heraus, mit lautem »Jaaah…« spritze ich ab.

Er greift in meinen Schmand, hält mir die Hand hin und ich lecke meine Soße von seinen Fingern.

Bald gibt es Mittagessen, Kartoffelbrei und Würstchen, jemand muss veranlasst haben, dass meines hierhin kommt.

»Oleg, was passiert mit den anderen aus der Wäscherei?«

»Kommen eine Zeit in Einzelhaft, auch tagsüber eingeschlossen. Werden nicht sagen, wer hinter Organisation steckt, haben Angst. Ihr Chef wird sagen, er hat nichts gewusst. Er lügt, aber was kann ich machen? Zu viel Geld im Spiel. Auch manche Aufseher machen mit. Pass auf!«

»Aufseher? Meinst du wirklich?«

»Meine nicht, weiß. Lassen sich nicht erwischen. Aber Bernauer, Max und Steff sind sauber. Kannst ihnen trauen. Und alle wissen, dass ich hier in meinem Flur nicht erlaube. Klar?«

»Klar. Und, Oleg, wenn du Zeit hast, können wir heute Abend eine Partie spielen? Im Wohnzimmer?«

Ich muss nicht sagen, warum ich ins Wohnzimmer will, er weiß es auch so. Die anderen sollen mitkriegen, dass ich nicht nur ein Fickloch bin.

»Heute Abend ich bin nicht da. Gehen wir gleich.«

Wir spielen sogar zwei Partien, jeder gewinnt einmal, nach und nach trudeln einige Leute ein, sehen uns zusammen, das wollte ich.

Nach dem zweiten Spiel bricht er ab. »Muss mich fertig machen für Termin bei Anwalt.«

»Kommt der nicht hierher?«

»Nein. Ich zu ihm. Kriege Fußfessel und Begleitung. Wird vielleicht später. Bis nachher, Kleiner.«

14. Fick in der Bücherei

Ich hole mein Buch, es sind nicht mehr viele Seiten, dann kann ich es nachher gleich zurückgeben, wenn Max mich holt.

Beim Lesen muss ich mich konzentrieren, um nicht ständig an ihn zu denken. Ich hoffe, er hat heute Zeit für mich. Dieser saugeile Wachtmeister. Der soll mich richtig fertig machen.

Ich bin gerade auf der letzten Seite, als Fabian und Björn aufkreuzen und gleich zu mir kommen. »Wieso bist du schon da? Ihr macht doch sonst später Schluss?«

Ich berichte ausführlich von der Drogenrazzia.

»Ach deshalb, jetzt verstehe ich. Deshalb war dein Chef, so ein großer Dunkelhaariger, heute bei meinem Chef. Sie haben gefragt, ob ich in die Wäscherei will.«

»Das habe ich vorgeschlagen, weil du mal gesagt hast, Gärtnerei sei ein Scheißjob. Willst du?«

»Ich soll es mir bis morgen überlegen. Wer ist da noch?«

»Einen suchen sie noch, weiß nicht, wer das wird. Bernauer ist der Chef. Wenn du deine Arbeit machst, kannst du gut mit ihm klarkommen.«

»Und abgesehen von der Arbeit? Du weißt schon …« Er greift sich in den Schritt.

»Beschäftige ich ihn. Keine Sorge.«

»Du treibst es mit ihm? Oder er mit dir?«

»Ja.«

Björn ist ein stiller Typ, jetzt sagt er mal was. »Willst du das wirklich? Fabian meint, es gefällt dir. Ich kann mir das nicht vorstellen.«

»Doch, ich will das. Natürlich nicht immer. Gestern habe ich Iwan auch nur über mich ergehen lassen. Aber für mich ist es wahrscheinlich leichter als für euch.«

Jetzt wieder Fabian. »Daniel, gestern, ich dachte du bist verrückt, ich hätte mich nie getraut, Iwan erst so abblitzen zu lassen.«

»Ich auch nicht.« Einwurf von Björn. »Oleg ist fast explodiert. Hast du dich entschuldigt?«

»Entschuldigt, nein. Wofür? Er war sauer, aber das ist geklärt. Dass sie uns ficken, müssen wir hinnehmen. Aber sie sollen uns anständig behandeln. Euch auch!«

»Das hat er geschluckt?«

»Er hat mich nach unserer Aussprache erst gebumst und dann hier mit mir Schach gespielt. Es geht nämlich beides. Wir sind kein Schlachtvieh. Er ist jetzt nicht da, hat gesagt, er müsse zu seinem Anwalt. Wieso darf er eigentlich dafür raus?«

»Das solltest du ihn nicht fragen, auch wenn du mit ihm Schach spielst. Er ist öfter nicht da, warum auch immer. Frag nicht, ist besser.«

Ich glaube, Fabian hat recht.

Zlatko steht in der Tür. »Daniel, der Wachtmeister, der die Bücherei macht, sucht dich. Du sollst zu ihm kommen.«

»Danke, komme!« Ich fasse nach meinem ausgelesenen Buch. »Entschuldigt mich.«

»Macht er jetzt die Bücherei auf? Vielleicht könnte ich mitkommen …«

»Fabian, ich wäre lieber mit ihm allein. Soll ich euch was mitbringen?«

Beide schütteln nur ungläubig den Kopf.

»Hebt mir bitte ein Essen auf, falls es später wird.«

Max wartet hinter dem Absperrgitter unseres Flures, sperrt auf und hinter mir gleich wieder zu. Er sieht einfach phänomenal aus, gerade in dieser Uniform. Anfang dreißig, denke ich, nicht so groß wie Bernauer und nicht so kräftig wie Stefan, aber als Ganzes … jemand wie er müsste bei einem Polizei-Kalender aufs Titelblatt.

»Danke, Herr Wachtmeister.«

»Ist gut. Ich hab eigentlich schon Feierabend, aber heute Vormittag konntest du ja nicht kommen.«

Wir machen uns auf den Weg.

»Nein. Weil Sie mich gefesselt und geknebelt hatten.«

»Ja. Hattest du deshalb einen Ständer?«

»Ja, Herr Wachtmeister. Und jetzt schon wieder. Nur weil Sie da sind.«

»Hol ihn raus!«

»Was?« Wir laufen gerade durch einen langen Flur.

»Wie heißt das?«

»Ich verstehe nicht, Herr Wachtmeister.«

»Schon besser. Hol deinen Schwanz raus! Und nicht mit

den Händen verstecken! Jeder, der uns entgegenkommt, soll sehen, was für ein Schwein du bist!«

»Ja, Herr Wachtmeister.« Ich habe Schiss, kann nur hoffen, dass uns niemand begegnet, wage aber keinen Widerspruch. Meine Latte ist so steif, dass ich die Hose ganz aufmachen muss, um sie befreien zu können. Den Knopf schließe ich dann wieder, Max beobachtet mich, greift zu, marschiert los, zieht mich an meinem Rohr hinter sich her, ich muss sehr aufpassen, um nicht ins Stolpern zu kommen.

Um noch eine Ecke, noch ein Flur, endlich bleibt er stehen, ich erkenne die Tür wieder, er schiebt mich hinein, schließt hinter uns ab.

»Wollte nur sehen, ob du gehorsam bist. Du hast den Test bestanden.«

»Danke, Herr Wachtmeister. Darf ich Sie ausziehen?«

»Langsam. Zieh dich aus, aber bisschen plötzlich, und dann komm her, auf Knien!«

Während ich mich nackig mache, öffnet er nur seine Hose und holt seine Keule heraus, und als ich dann vor ihm knie, haut er sie mir geradezu um die Ohren, ich strecke die Zunge raus, würde gern daran lutschen, aber keine Chance, links und rechts kriege ich sie rangeklatscht, bis er sie mir plötzlich unvermittelt ins Maul rammt.

»Jetzt lutsch! Aber ordentlich!«

Nichts lieber als das! Ich ziehe mir ein paar Mal sein Organ in ganzer Länge rein, dann nuckle ich nur noch an seinem Nillenkopf, sauge ihn schnell ein, lasse ihn wieder frei, meine Zungenspitze öffnet seinen Pissschlitz ein klein wenig, seine Eichel wird noch fetter, er sondert schon was ab, da befreit er sich von mir, ringt nach Luft, er muss ganz kurz vor einem Orgasmus gewesen sein. Ich warte, will ja selbst nicht, dass er schon kommt.

Er zieht sich die Hosen runter, dreht sich um, bückt sich. »Leck mir den Arsch!«

»Ja, Herr Wachtmeister!«

Michelangelo hätte diesen Hintern nicht perfekter modellieren können. Ich beiße hinein, ganz sachte, dann arbeite ich mich mit der Zunge von außen nach innen, grabe mich in seine Kimme, erreiche schließlich das Ziel meiner Begierde, er selbst zieht seine Backen auseinander, so komme ich noch besser dran, er spielt mit seinem Loch, macht auf und zu, entsprechend stößt meine Zunge hinein oder er drückt sie wieder raus.

Er hat genug, richtet sich wieder auf. »Du weißt, was jetzt kommt?«

»Ja. Ficken Sie mich, Herr Wachtmeister! Bitte!«

Er schließt mir einen Ring der Handschellen um den rechten Arm, führt die Kette über Kopfhöhe durch die Streben eines Regals, dann ist mein linker Arm dran, und dann stehe ich hier, gänzlich nackt und ihm völlig ausgeliefert.

»Mach's Maul auf!« Er knebelt mich auch noch, ich könnte nicht mal schreien, wer weiß, was er mit mir vorhat. Trotzdem, mein Schwanz ist fast schmerzhaft hart, so törnt mich dieser Mann an.

Er sieht mir in die Augen. »Ich soll dich ficken, ja? In dein schwules Arschloch?«

»Mh, hm, hm.« Ich kann nur stöhnen und nicken.

»Wirst du mir meinen Schwanz danach schön sauberlecken?«

»Mh, hm, hm.«

Er packt mir vorne dran.

»Nnh, nnn ...« Ich schüttle panisch den Kopf, ich explodiere gleich, nimm die Hand weg, bitte, sofort, bitte ... zu spät ... ich beiße in den Knebel, Max hält immer noch meinen Schwanz fest, er muss merken was passiert, meine Soße schießt raus, wahrscheinlich versaue ich die Bücher hier, aber ich konnte nicht mehr, konnte einfach nicht, ich möchte mich jetzt fallen lassen, aber die Handschellen halten mich fest.

Er drückt meinen Pimmel aus, presst noch die letzten Tropfen aus mir raus, flüstert mir heiser ins Ohr: »Und jetzt, du Schwein, soll ich dich immer noch ficken?«

Ich schüttle kraftlos den Kopf.

»Schade. Ich will aber. Was machen wir denn da, hm? Hat dich Oleg heute schon gefickt?«

Ich nicke.

»Noch jemand?«

Schütteln.

»Dann bist du doch in höchstens zehn Minuten wieder heiß, was? Das kriegen wir hin! Sieh mal, was ich hier habe!«

Er hält mir eine Hand unter die Nase, darin mein Sperma, er muss alles aufgefangen haben. »Da haben wir doch schon ein gutes Schmiermittel, meinst du nicht?«

Er tritt hinter mich, spreizt mit seinen Füßen meine auseinander, bis ich breitbeinig dastehe, dann fasst er mit seiner versifften Hand zwischen meine Arschbacken, schmiert mich mit meinem eigenen Saft ein, steckt mir zwei Finger rein. Mein Loch krampft, das stört ihn nicht, er verschafft sich Zugang.

Eine Hand fummelt an meinem Hinterkopf rum. »Ich mach dir den Knebel ab, brauch dein Maul jetzt für was anderes, aber nicht schreien, verstanden!«

Durchatmen, richtig durchatmen, doch nicht lang, denn er zieht seine Finger hinten raus, hält mir die Hand vor den Mund. »Schön sauber lecken, jeden Finger, verstanden!«

Was bleibt mir übrig, ich schlecke ihn ab, Reste meiner Soße, den Geschmack meines Arschs, er fasst mir von hinten schon wieder zwischen die Beine, wetzt seinen Unterarm in meiner Kimme, grabscht nach meinen Klunkern, spielt mit ihnen, umgreift meinen Schlaffen, locker, fest, locker, fest, das Blut kommt wieder, meine Erregung auch, nun wetze ich meinen Arsch an ihm.

Ganz nah an meinem Ohr: »Das waren ja keine fünf Minuten! Was ist?«

»Fick mich! Bitte fick mich!«

Er hat sich hinter mich gestellt, angesetzt, und schon war er drin. Nun zieht er mich durch, stopft mich, es wirft mich regelrecht gegen das Regal, seine Finger habe ich auch wieder im Mund, seine andere Hand melkt mich, aber trotz der geilen Arschfüllung besteht noch keine Gefahr, dass ich komme. Ich lasse mich bürsten, hobeln, beackern, er kann mit seinem Gerät umgehen, besorgt es meinem schwulen Arschloch, eine gefühlte Ewigkeit, er bockt, bockt, bockt, und als er sich in mir ausspritzt, habe ich schon gar kein Gefühl mehr im Loch.

Nun braucht er Halt, klammert sich an mich, sein Brustkorb pumpt hinter mir, es dauert, bis er mich loslässt, seinen Schwanz rauszieht, mir die Handschellen löst. Ich lasse mich fallen, hocke mit dem Nackten auf dem Boden, massiere meine Handgelenke.

»Saubermachen!« Max steht vor mir, sein verschmierter Lümmel zeigt halbsteif auf meine Nase, und ich beiße an, wieder dieses geile Schwanz-Arsch-Aroma wie vorher an seinen Fingern. Glänzen wird sein Teil, wenn ich fertig bin, glänzen, und derweil gebe ich mir selbst die Faust, es kann nicht viel kommen jetzt, aber das muss raus, es ist so geil, so geil,... ich spritze auf den Boden, doch eine ordentliche Portion.

Er hält mir ein Tempo hin. »Wisch das auf und zieh dich an. Du bist eine geile Sau!«

»Du aber auch!«

»Wie bitte?«

»Du bist eine geile Sau, Max!«

Er entreißt mir das Tuch wieder. »Für diese Frechheit wirst du deine Soße auflecken! Runter!«

Er donnert mich an und natürlich gehorche ich sofort, auch wenn ich es lieber aufgewischt hätte.

»Entschuldigung, Herr Wachtmeister. Ich wollte sagen, Sie sind ein geiler Ficker.«

»Schon besser. Lass dir das eine Lehre sein! Willst du hier noch was mitnehmen?«

Ich suche was aus, ganz am Ende des Alphabets findet sich sogar die Schachnovelle von Stefan Zweig. Nehme ich mit.

Wir kommen mehr oder weniger gleichzeitig mit dem Essenswagen in meinem Flur an. Ich schmeiße die Bücher schnell auf mein Bett, unsere Zelle ist leer, und so winke ich Fabian und Björn zum Essen herein. Keine Würstchen. Wurstsalat.

»Wo bleibst du denn so lange?«

»Habe Bücher ausgesucht. Oder willst du's genauer wissen?«

»Nein. Ich versteh es sowieso nicht.«

»Eben. Hast du dir überlegt, was du morgen machst?«

»Ich komme zu euch. Kann nur besser werden.«

»Freut mich. Guten Appetit!«

Wir haben aufgegessen, wollen gerade das Geschirr zurückbringen, als Oleg und Bernauer reinkommen.

»Du hast Besuch, Kleiner? Meinetwegen, aber wir haben was zu erledigen, müsst uns allein lassen.«

»Willst du noch essen? Es gibt was Kaltes.«

»Hab schon gegessen.«

Fabian informiert Bernauer noch wegen der Wäscherei, der scheint zufrieden, Björn verzieht sich in seine Zelle, Fabian und ich ins Wohnzimmer.

15. Im Sechserpack

Du siehst, er ist nicht sauer.«

»Ich glaube, er hat einen Narren an dir gefressen.«

»Du spinnst!«

»Zumindest nennt er dich ›Kleiner‹.«

»Ich bin nun mal nicht so groß. Aber wieso hat er schon gegessen, wenn er beim Anwalt war?«

»Frag meinen neuen Chef, der war vermutlich als Begleitung dabei. Scherz. Frag bloß nicht!«

»Darf ich dafür dich was fragen? Wieso bist du eigentlich hier?«

Fabian seufzt. »Du darfst fragen. Drogen. Gerade deshalb bin ich ganz froh, dass ich auf diesem Flur bin. Weil ich hier garantiert nicht in Versuchung komme. Oleg weiß natürlich Bescheid und hat diesbezüglich ein besonders scharfes Auge auf mich. Und ich muss mir beim Doc regelmäßig Haare abschneiden lassen und Pipi machen. Aber ich bin wirklich clean und glaube, ich schaffe es. Der Weg durch die Wäscherei ist ja wohl auch trockengelegt. Ich habe noch zwei Jahre, wenn sie mich nicht vorher rauslassen.«

Ein vollbärtiger Typ, den ich bisher nur vom Sehen kenne, kommt zu uns. »Daniel? Du sollst zu Oleg kommen.« Er dreht gleich wieder ab.

»Wer war das?«

»Maxim. Er ist in Ordnung. Ich werde sehen, ob du wiederkommst. Ansonsten bis morgen.«

In der Zelle sitzt dieser Maxim bei Oleg, der auf einen freien Stuhl deutet. »Du kennst Maxim?«

»Nein, äh, nicht wirklich.« Wir nicken uns zu, er wirkt durchaus freundlich.

»Jetzt kennst du ihn. Er hat morgen Geburtstag und uns eingeladen in seine Zelle. Du musst zum Essen hier sein. Also sag Bernauer, du kannst nicht so lang arbeiten. Er wird verstehen.«

»Aber nach dem Essen können wir doch nur kurz bleiben, weil wir dann eingeschlossen werden!«

»Wir bleiben länger.«

»Und wo schlafen wir?«

»Aufseher wird uns später in unsere Zelle bringen. Ist schon geregelt. Kannst wieder gehen.«

»Das ging aber fix.« Fabian scheint überrascht. »Ich dachte, sie wollten dich noch schnell … du weißt schon.«

Ich erzähle von dem Gespräch.

»Ach so, dann wollen sie morgen.«

»Was wollen sie morgen?«

»Daniel! So naiv kannst du doch nicht mehr sein! Du bist ein Geburtstagsgeschenk oder was weiß ich für ihn und seine Gäste. Ist doch klar.«

Da hätte ich wirklich auch selber draufkommen können.

Wieso sonst sollte er mich einladen? Und ob es Maxims Idee war oder mich Oleg angeboten hat, ist eigentlich egal. »Wie läuft das ab?«

»Es gibt vor allem jede Menge zu trinken.«

»Es gibt hier Alkohol?«

»Sicher.«

»Woher?«

»Frag besser nicht.«

Nach dem Einschluss zeige ich Oleg die Schachnovelle.

»Warst du bei Max?«

»Ja, wir waren in der Bücherei.«

»Und du warst nett zu ihm?«

»Ich war sehr, sehr nett zu ihm.«

Gut. Kannst jetzt schlafen. Bin heute müde.«

Die anderen beiden trauen sich wohl nicht, ohne ihn was mit mir anzufangen und Mischa rubbelt sich im Bett nur noch selbst einen ab.

Ein mir unbekannter Wachtmeister bringt Fabian und mich in die Wäscherei, dazu kommt noch ein Spanier, Felipe, den der Direktor hierher versetzt hat.

Bernauer erklärt, am wichtigsten sind natürlich die gestern liegen gebliebenen Sachen von außer Haus, die Gefängniswäsche muss warten.

Fabian und Felipe stellen sich geschickt an, wir können einiges abarbeiten und Bernauer ist sehr zufrieden. »Ich hoffe, ihr bleibt bei mir, Jungs!«

Mich nimmt er mal beiseite, fragt, ob ich Überstunden machen will.

»Heute nicht, ich soll zu einer Geburtstagsfeier und nicht so spät kommen.«

»Verstehe. Aber dann vielleicht morgen. Hätte wieder Lust auf dich!«

Beim Abendessen in der Zelle frage ich Oleg, wer alles zu dieser Feier kommt.

»Sind wir vier hier, Maxim natürlich, Ilja und Sascha.«

»Heißt das, ich soll ›nett sein‹ zu euch sechsen???«

»Nein, habe vergessen, Pavel und Pjotr kommen auch. Ihr seid drei für sechs Männer. Passt.«

»Oleg, wir sind auch Männer!«

»Ja, schon gut, aber du bist andere Art Mann.«

Darüber diskutiere ich lieber nicht. »Und ich bin der einzige Nicht-Russe unter euch?«

»Ja, kann sein, wirst nicht so viel verstehen. Bist aber trotzdem nett zu uns, klar?«

»Natürlich bin ich nett zu euch. Bin ich doch immer.« Was auch sonst.

Auch Maxims Zelle gleicht der unseren. Da es nur vier Stühle gibt, sitzen fünf Leute auf den Betten. Alle reden ein paar Worte Deutsch mit mir, dann unterhalten sie sich auf Russisch. Würde ich umgekehrt wahrscheinlich auch. Außer »Da« und »Njet« kommt bei mir nicht viel an.

Irgendwoher haben sie mehrere Pullen Krimsekt organisiert, den verteilt Maxim jetzt, in Wassergläsern, wir sind schließlich nicht im Restaurant. Trotzdem, schmeckt gar nicht schlecht. »Nastrowje!« Das verstehe ich auch.

Die Gespräche werden lebhafter, der Sekt ist alle, nun gibt es Wodka. Auch aus Wassergläsern.

Ich frage Pjotr, der neben mir sitzt, worüber sie reden.

»Erst Essen hier. Dann Arbeit. Dann Politik. Was sie machen, wenn sie wieder draußen sind. Jetzt wir. Was sie mit uns machen werden.«

»Und?«

»Wirst du gleich sehen.«

Oleg steht auf, klopft an sein Glas. »Liebe Freunde, Maxim hat Geburtstag, deswegen er darf jetzt Geschenke auspacken!« Allgemeines Gelächter.

Maxim kommt als Erstes zu mir. Fängt mit dem Hemd an, zieht mir das T-Shirt über den Kopf, öffnet meine Hose, streift sie runter zu den Knien, lacht mich an, fasst mir an den Schwanz, legt meine Hand auf seine Beule, »Du bist der Erste!«, sagt er, geht weiter zu Pjotr, und ich befreie mich von Schuhen, Socken und Hosen, stehe nackig da, sie pfeifen.

Derweil ist Maxim schon bei Pavel, nicht lang, und wir stehen zu dritt völlig nackig inmitten der aufgekratzten Russen. Den beiden anderen ist anzusehen, dass sie die Situation nicht antörnt, mich schon, die Kerle haben alle was, na ja, sehr Maskulines an sich.

Ein paar patschen uns auf den Arsch, nicht wirklich fest, lachen dazu, alle haben was getrunken und kommen in Stimmung, ich selbst spüre den Alkohol auch.

Maxim ist wieder bei mir, er hat ein wirklich freundliches Gesicht. »Fang an!«, fordert er mich auf, und ich gehe in die Knie, packe seine Männlichkeit aus, grinse ihn an, singe »Happy Birthday to you!« und lecke bei jeder kleinen Pause an ihm. Er stöhnt geil auf und ist im Nu hart.

Die anderen sind in mein Lied eingefallen, schön klingt es nicht, aber selten.

Meine Nuckelei animiert natürlich die anderen, Oleg hat sich Pavel gegriffen, Sascha Pjotr, die sollen auch blasen, aber ich merke, eigentlich machen sie nur den Mund auf. Ich dagegen, ich mag Schwanzlutschen.

Wie zu erwarten, wollen die drei, die unbeteiligt rumstehen, auch was von uns haben, schließlich haben wir insgesamt sechs Löcher. Für sechs Männer. Passt, wie Oleg gesagt hat.

Sie müssen vorher schon abgesprochen haben, was sie vorhaben, denn nun rücken sie den Tisch in den Raum, bugsieren mich in der Mitte darüber, so dass auf einer Seite mein Kopf und meine Arme runterbaumeln und auf der anderen mein Arsch fickgünstig bereitsteht. Zu meinen beiden Seiten kommen nun Pavel und Pjotr zu liegen, aber genau andersrum, also ihre Ärsche sind auf der gleichen Seite des Tisches wie mein Kopf und mein Hintern ist zwischen ihren Köpfen. Ich taste nach rechts und links, da sind Knie, Schenkel, mit ein paar Verrenkungen erwische zwei schlappe Nudeln, mich befummelt leider keiner, dabei wäre bei mir eine Latte zu entdecken.

»Maxim, fang endlich an!«, fordert Oleg, und, ich hab's geahnt, er fängt bei mir an. Hände betatschen mich, etwas wird aufgeschraubt, tropft in meine Spalte, etwas Heißes, Hartes macht sich an meinem Hintern zu schaffen, findet den Eingang, bohrt sich in mich, bis sich eine Knasthose an meine Arschbacken presst, Maxim hat sich nicht ausgezogen. Vorne dagegen kommen nackte Beine zu mir, die kenne ich, das ist Oleg, er muss sich schon angewichst haben, schiebt mir gleich einen Steifen in den Hals, und nun werde ich von beiden Enden her gebockt. Maxim und Oleg können sich natürlich mit Blicken absprechen, sie stoßen immer gleichzeitig zu, es presst mich regelrecht zusammen.

Auch Pavel und Pjotr kriegen inzwischen beide Löcher gestopft, ich kann rechts und links unten jeweils vier Beine sehen, weiß aber nicht, wer wen fickt. Sogar die Dödel in meinen Händen zeigen nun eine Reaktion, ich mühe mich wirklich, und schließlich, zwei Schwänze drin, bei so einer Sauerei muss der Mensch doch geil werden!

Die Schweinerei wird noch viel größer. Die Russen scheinen eine Art Rundlauf verabredet zu haben, denn als jemand in die Hände klatscht, rücken alle einen Platz weiter. Ein neuer Schwanz steckt in mir, wenn ich nicht sehr irre, ist das Alexej, er hat schon mit diesen kurzen Rosettenstößen begonnen, während mir vorne einer sein Gerät, das er gerade aus Pavels Arsch gezogen hat, zum Lecken hinhält. Es kostet sogar mich etwas Überwindung, da zuzuschnappen, doch der Alkohol hat meine Hemmungen schwinden lassen, und als ich das Ding erst geschluckt habe, ist es saugeil. Den Besitzer kann ich nicht zuordnen, es muss Sascha oder Ilja sein, er bringt jedenfalls keinen Takt mit Alexej zustande, dafür ist der einfach zu schnell.

Erneutes Klatschen, ein unbekannter Schwanz drängt sich hinten in mich, vorne kommt nun Mischa, den erkenne ich an der Behaarung. Die beiden haben eine Art Rhythmus, einer stößt zu, der andere nimmt Anlauf.

Klatschen. Maxim gibt die Wechsel vor, er ist jetzt vorne … denn hinten ist Oleg, eindeutig, so weit, wie der in mich reinkommt, die beiden dürften meinetwegen lang so weitermachen.

Tun sie leider nicht, schon steckt ein anderes Rohr in mir und Alexej lässt mich lutschen, die zwei zusammen bringen es nicht so recht hin, es ist eine etwas ungelenke Stopselei.

Der nächste Wechsel, Mischa fickt mich, ich blase bei Ilja oder Sascha, ist auch egal, sie schmecken alle säuisch geil.

Nun war jeder in jedem Loch, es könnte genug sein, doch Maxim klatscht noch mal. Er ist wieder in meinem Arsch und Oleg in meinem Maul, die geilste Kombination, und sie legen wieder los, sie scheinen sich gegenseitig anzuspornen zu immer heftigeren Stößen.

Von vorne kommt nun orgiastisches Stöhnen, die Ersten werden fertig, Pavel und Pjotr kriegen eine Arschinjektion, ich rubble wie blöd an ihren Latten, bringe sie zum Abspritzen, bald darauf setzt Mischas Bass ein, auch er entlädt sich, da spüre ich es in mir pumpen, Maxim spuckt seine Ladung in meinen Hintern, und zuletzt kommen endlich auch noch Alexej und Oleg, der mir in den Schlund spritzt.

Ich muss jetzt auch noch, muss unbedingt, schiebe Oleg weg, Maxim steckt noch in mir, erkennt meine Absicht, er bleibt drin, bis ich mich selbst fertig gemacht habe und fast schreiend hier den Boden versaue.

Eine Viertelstunde später bringt uns ein Aufseher, von dem sich Oleg mit »Danke, Fred« verabschiedet, in unsere Zelle.

»War ich nett genug?«

»Warst nett. Bist geile Sau!«

»Weiß ich.«

Bald schnarchen alle drei, und ich frage mich, ob diese Woche wohl dieser Fred unsere Tür versaut, Max hat schließlich Frühschicht. Oder Stefan. Den hab ich zwar nicht gesehen, aber er hat Spätschicht. Und eigentlich ist es mir egal. Mein Schamgefühl ist längst abhandengekommen.

Trotz der Schnarcherei penne ich bald ein, das macht der Alkohol.

16. Entdeckungen

Am nächsten Morgen bin ich sehr müde, als sich der Schlüssel im Schloss dreht, ich würde glatt durchschlafen, doch Oleg tritt von unten gegen mein Bett. »Aufstehen, Kleiner!«

Er hat's gut, wenn wir draußen sind, dreht er sich um und pennt weiter.

Fabian erkundigt sich nach der Geburtstagsfeier, mein »Saugeil« kommentiert er wie üblich, er verstünde das nicht.

Den Wachtmeister von gestern, der uns wieder zur Wäscherei bringt, frage ich nach Stefan, das heißt, ich frage natürlich nach Herrn Schwarz. Er sagt nur, der hätte Spätschicht und ist ansonsten ziemlich maulfaul, herrscht auch Fabian und mich an, wir sollten ruhig sein. Hat anscheinend schlecht geschlafen.

Bernauer dagegen ist gut drauf, fragt ebenfalls, wie es bei der Geburtstagsfeier war.

»Geil war's. Hätte dir … tschuldigung, aber Fabian weiß Bescheid, auch gefallen.«

»Wieso weiß er Bescheid?« Das passt ihm nicht.

»Er wollte natürlich wissen, wie es hier so ist. Ob er

damit rechnen muss, dass du ihm an die Wäsche gehst. Normale Frage.«

»Was hast du gesagt?«

»Dass du ihn in Ruhe lässt, wenn er nicht mag. Stimmt doch, oder?«

»Natürlich stimmt das, ich fall doch über keinen her, der nicht will! Aber haltet gefälligst die Klappe und verplappert euch bloß nicht, wenn jemand dabei ist. War er gestern mit bei der Feier?«

Fabian wehrt ab. »Ich war nicht eingeladen. Zum Glück.«

Felipe wird gebracht, wir beginnen mit der Arbeit.

Weil wir gut vorankommen, verlängert Bernauer die Mittagspause und organisiert eine Thermoskanne guten Kaffees. Eine Großpackung Kekse hat er auch dabei. »Bleibt unter uns, klar!«

Felipe wird heute früher abgeholt, er hat nur noch zwei Monate abzusitzen und Termine zur Vorbereitung auf seine Freilassung.

»Wir machen auch Schluss!«, beschließt Bernauer. »Was jetzt noch in den Trocknern ist, könnt ihr morgen früh mangeln, während die Maschinen wieder laufen. Wie schaut's aus, Daniel?«

»Allzeit bereit!«

»Fabian, und du? Keine Lust?«

»Ich bin nicht schwul. Macht, was ihr wollt. Ich gehe so lange raus.«

»Draußen regnet's. In den Flur darf ich dich allein nicht lassen. Willst du nicht mitmachen? Nur so, wie du willst.«

»Ich bin nicht schwul!«

Ich sehe ihn nur an, er weiß genau, woran ich denke. Er hat mich gebumst.

»Daniel wird dir sicher einen blasen. Das gefällt garantiert auch dir!«

Er scheint zumindest darüber nachzudenken, jedenfalls rennt er nicht weg, als ich mich ausziehe.

Bernauer holt seinen Dödel raus, ich gehe in die Knie und fange schon mal an, daran zu lecken. Mit einem Auge sehe ich, wie er Fabian zu sich zieht, an seine rechte Seite, er legt ihm einen Arm um die Schultern, mehr nicht. Fabian lässt es zu, sträubt sich nicht, und als ich meine Hand auf seinen Hosenschlitz lege, beantwortet er mein leises »Soll ich?« mit einem noch leiseren »Ja.«

Jetzt ist Fabian dran, Bernauer muss sich selbst beschäftigen, dass er zuschaut, stört uns nicht, so etwas sind wir gewohnt.

Unsere Hosen haben keine Gürtel, da sind nur Knöpfe und ein Reißverschluss, den öffne ich, lege frei, was sich dahinter verbirgt, noch weich, doch schon mit Anzeichen von Erregung. Es ist bestimmt das erste Mal, dass sich die Zunge eines Mannes an sein bestes Stück wagt. Ich küsse Fabians Schniedel, es kommt Leben in ihn, ich lecke an seiner Eichel, ganz sacht, er richtet sich auf, und als sich meine Lippen um seinen Schwanz schließen, ist er schon richtig steif. Fabian greift mir ins Haar, hält meinen Kopf, und langsam, ganz langsam, schiebt er sich in mich, er genießt buchstäblich jeden Millimeter, und als es nicht mehr weiter geht, umfasse ich mit beiden Armen seinen Hintern, drücke ihn an mich, so fest wie nur möglich, noch ein kleines bisschen tiefer in mich rein, und da, ganz unvermittelt kommt er, seine Finger krallen sich in meine Kopfhaut, hinten in meinem Hals fängt sein Rohr an zu spucken, ein langgezogenes »Aaaaaah« kommt aus seiner Kehle und sein Schwanz beruhigt sich überhaupt nicht, pumpt weiter und weiter eine Unmenge Soße aus sich raus.

Bernauer und ich lassen ihm Zeit, ich bewege mich nicht, sehe nur hoch, irgendwann kommen Fabians Augen, ein geflüstertes »Danke.« Ich drücke ihn an mich.

Bernauer hat sich die ganze Zeit langsam selbst gewichst, wir wissen, er will auch noch. Fabians Augen signalisieren ein Einverständnis, so gebe ich ihn frei, wende mich dem anderen Schwanz zu. Fabian geht weg, er will nicht dabei sein.

In Bernauer kommt der Statistiker durch. »Wie viele hattest du gestern drin?«

Mit seiner Latte im Mund kann ich nicht reden, ich zeige ihm sechs Finger.

Sein Rohr wird gleich noch steifer, so was macht ihn an. »Wo? Vorne oder hinten?«

Ich deute auf meinen Mund, zeige sechs Finger, deute nach hinten, zeige sechs Finger.

»Was? Sechs gelutscht und sechs im Arsch? Du bist die größte Sau, die hier rumläuft!«

Er fickt jetzt mit aller Macht in mein Maul, vermutlich wollte er eigentlich hinten rein, aber er hält es nicht mehr aus, allein die Vorstellung, wie viele Kerle mich gestern begattet haben, treibt ihm den Samen raus, laut röhrend spritzt er ab.

Ich will es mir noch selbst besorgen, doch da ruft Fabian, wir sollten kommen, schnell.

»Was ist denn los?« Bernauer packt schimpfend seinen Schwanz ein, ich folge ihm mit abstehender Latte. Fabian deutet auf den Boden vor einer Waschmaschine. Da liegen drei kleine Plastiktütchen mit einem weißen Pulver darin.

»Wo war das?« Bernauer ist jetzt dienstlich.

»Ich hab die Abdeckklappe von der Maschine da aufgemacht. Wollte die Laugenpumpe anschauen. Da ist mir das Zeug entgegengefallen. Ich hab's nicht angefasst, wegen Fingerabdrücken.«

»Verdammte Scheiße! Da war einen ganzen Tag die Spusi da, sogar einen Hund hatten sie dabei, und dann finden sie das nicht! Darf doch nicht wahr sein! Gut, dass du's nicht angelangt hast. Ich rufe den Chef an, er wird gleich hier sein. Daniel, anziehen, aber fix! Und siezt mich gefälligst!«

Ich binde mir gerade den zweiten Schuh, als die Tür schon aufgerissen wird und Stefan hereinstürmt, außer Atem. »Was ist los? Ich sollte sofort hierherkommen.«

Bernauer winkt ihn zu sich, zeigt ihm Fabians Fund.

»Scheiße! Wo war das?«

»Warten Sie!« Die Stimme des Direktors, er steht schon bei uns, besieht sich die Lage. »Herr Bernauer?«

»Er hat es gefunden.« Er deutet auf Fabian und der schildert noch mal, wie er auf das Koks gestoßen ist.

»Herr Richter, ja?« Donnerwetter, ein Personengedächtnis hat er. »Danke. Niemand fasst hier was an. Können wir uns irgendwo hinsetzen?«

In dem Minibüro riecht es sofort nach Zigarren, das hängt in der Kleidung des Direktors. Es gibt nur zwei Stühle, Stefan, Fabian und ich bleiben stehen. »Hier muss noch mal alles auf den Kopf gestellt werden. Ich werde der Suchmannschaft Feuer unter dem Hintern machen. Morgen ist hier dicht. Und bis auf weiteres darf niemand hier im Haus davon erfahren. Ich betone, niemand!«

»Herr Direktor, die anderen werden fragen, wieso wir nicht zur Arbeit gehen. Felipe wird kommen. Jemand wird Mittagessen bringen.«

»Herrn Gonzalez schicke ich zu seiner Sozialarbeiterin. Das Essen leiten wir um. Sie beide sagen, wir hätten hier einen … Wasserschaden. Ja, das ist glaubwürdig.«

»Herr Direktor, Oleg merkt es, wenn jemand lügt. Er sieht es … ich weiß nicht, wie ich sagen soll, aber … können wir ihm, nur ihm, sagen, was los ist?«

Er sieht Bernauer an.

»Oleg hält den Mund. Bei Rauschgift reagiert er allergisch, Sie wissen, warum.«

»Herr Direktor, noch was!« Er sieht mich an. »Ja?«

Ich komme fast ins Stottern, meine Gedanken sind noch nicht ausgereift, aber das muss jetzt raus. »Also, das ist natürlich Ihre Sache, aber wenn man das Koks jetzt nicht erwähnt, muss irgendwer denken, es sei noch versteckt und danach suchen … Tschuldigung, will mich nicht in Ihre Arbeit mischen.«

»Tun Sie aber. Lassen Sie das unsere Sache sein. Herr Schwarz, bitte bringen Sie die beiden Herren zurück, mit einem Umweg über mein Büro, meine Sekretärin gibt Ihnen was. Dann kommen Sie gleich wieder her.«

Wir marschieren los, ich denke, Stefan soll was kriegen, doch auf dem Karton, den ihm die Sekretärin in die Hand drückt, steht mein Name. Darin ist eine Schachuhr.

Stefan frotzelt über Kasparow und Karpow, ich bitte die Sekretärin, meinen Dank auszurichten.

Oleg ist noch allein, Fabian und ich erzählen ihm alles, er nickt dazu, »Gut, Jungs.«

Fabian zieht ab, ich zeige Oleg die Schachuhr. »Schön, Kleiner, spielen wir später. Warst du nett zu Bernauer?«

»Gerade noch so … dann hat Fabian das Zeug gefunden und dann war's vorbei, bevor ich …«

»Verstehe. Komm her. Hab Druck auf Pfeife, ganzen Tag schon. Wenn du schön machst, darfst du lutschen, bis du kommst.«

Er befreit sich selbst von der Hose, und da springt mir sein Rohr schon entgegen, er hat in der Tat »Druck auf Pfeife«, und als ich mich vor seinen Stuhl hinhocke und anfange zu saugen, sprengt es auch meine Hose beinahe, ich packe aus und strample mich halb frei. Oleg stopft mir das Maul, ich wichse mich selbst, und auf einmal höre ich Mischa, das heißt, ich höre ihn nicht nur, er richtet mich so auf, dass ich nun vor Oleg knie und meinen Arsch rausstrecke. Mischa schmiert mich mit Rasierschaum ein, zwei Finger ziehen mein Loch auseinander, seine fette Keule quetscht sich dazwischen und er legt gleich los, hobelt mich sehr schnell, ist gar nicht so seine Art, auch er hat wohl »Druck auf Pfeife«. Die beiden scheinen einen Wettbewerb zu veranstalten, wer schneller ist, und Mischa gewinnt, mit seinem brunftigen Brummen könnte er jedem

Bären Konkurrenz machen. Ich rubble bei mir, auch Oleg ist bald so weit, füllt mich ab, nun kann ich richtig Zunder geben, mit zwei Russenschwänzen drin geht mir ordentlich einer ab.

Mischa geht weg, ich will aufstehen, doch da ist Alexejs Stimme. »Bleib so! Loch ist noch schön offen!«

Ein Reißverschluss, schnelles Anwichsen, da ist er schon, steckt ihn mir rein, ich bräuchte das jetzt nicht mehr, doch er ist zumindest schnell, nur wenige Fickstöße in meine Kiste genügen ihm, dann lädt er ab.

»Was ist denn heute los mit euch? Alle fallt ihr über mich her!«

»Gefällt dir doch. Also beschwer dich nicht!«

»Ich beschwer mich ja gar nicht…«

Nach dem Essen dürfen wir in den Hof, unter Flutlicht, am Montag war es wegen der Razzia ausgefallen. Danach spielen Oleg und ich Schach, mit Uhr, und dann übe ich noch Kyrillisch.

17. Ein freier Tag

Mischa und Alexej wundern sich, weil ich nicht aufstehe.

»Er hat Wasserschaden«, erklärt Oleg.

»Wo? In der Hose?« Mischa ist schon richtig wach. Ich zeige ihm einen Vogel, das hätte ich mich die ersten Tage noch nicht getraut. Jetzt geht das, er streckt mir dafür die Zunge raus.

Die beiden sind kaum weg, da spüre ich schon von unten Olegs Füße an meiner Matratze. »Komm runter, Kleiner. Und schmier dich ein.«

Eigentlich wollte ich noch eine Runde schlafen, aber wenn der Chef ruft …

Ich nehme einen Batzen Handcreme und fette mein Loch, Oleg liegt in seiner Koje mit dem Rücken zur Wand, die Decke hat er schon zurückgeschlagen, seine Morgenlatte reckt sich mir entgegen.

»Erst blasen?«

»Nein. Will ficken. Komm!« Er klopft auf seine Matratze und so lege ich mich hin, mit dem Rücken zu ihm, mein Kopf auf seinem rechten Arm, er presst sich mit seinem ganzen Körper an mich, ich spüre seinen Steifen am

Hintern, er spuckt sich in die Hand, rückt unten ein klein wenig ab, sein Pilzkopf sucht meinen Eingang, drückt sich in mich, unwillkürlich stöhne ich laut auf, da hält er mir den Mund zu, fängt an zu bumsen, tastet nach meinem Geschlecht.

»Was ist, Kleiner?« Er hat meinen Schlappen gefunden.

»Bin müde!«, presse ich zwischen seinen Fingern hervor.

»Kannst bald wieder schlafen!« Er dreht mich auf den Bauch, liegt jetzt mit seinem ganzen Gewicht auf mir, vögelt mich, gar nicht sehr fest oder schnell, doch irgendwas macht ihn an, der Hautkontakt vielleicht, ich höre, er wird bald kommen, da ist es schon so weit, er presst mich in die Matratze, pumpt mir seinen Schleim hinten rein, liegt dann wie ein Sack auf mir.

»Oleg, du bist zu schwer!«

»Schon gut! Bin jetzt auch müde.« Er dreht uns wieder in die Position von vorher, sein Zapfen steckt noch in mir, sein linker Arm legt sich um mich.

Geschirrklappern im Flur schreckt uns auf, wir haben beide geschlafen, verstöpselt.

»Gehen wir duschen. Fabian soll zum Frühstück kommen. Muss mit euch reden.«

»Ich sag's ihm.«

Wir treffen ihn in der Dusche, er sieht Olegs verschmierten Schwanz, weiß natürlich, in welchem Loch der schon steckte …

Beim Frühstück fängt Oleg vom Rauschgift an. »Ist blamabel, dass sie nicht gefunden haben. Aber gut für dich, Fabian. Kann dir vielleicht paar Monate ersparen. Weil du wegen so was hier bist.«

»Ich hoffe. Und ehrlich, es hat mich nicht mal gereizt.«

»Sehr gut. Weißt du, mein Bruder ist daran krepiert, deshalb …« Das ist bei ihm ein wunder Punkt, eindeutig, doch er fängt sich wieder, »deshalb bin ich hier.«

Fabian und ich sehen uns an, sehen ihn an, verständnislos.

»Habe mich getroffen mit dem Kerl, der meinem Bruder gepanschtes Zeug verkauft hat. War sehr unfreundlich zu ihm. Ging ihm danach gar nicht gut, musste paar Monate ins Krankenhaus. Bereue nicht. Personal weiß davon. Sagen nicht, aber paar denken, ich habe recht gehabt. Deshalb ich darf manches machen.«

Wir nicken nur, und ich will noch ausnutzen, dass er gerade so zugänglich ist. »Oleg, wegen Maxims Geburtstag, für mich war das okay, aber Pavel und Pjotr …«

»Kleiner, musst dir nicht meinen Kopf zerbrechen. Habe gewusst, warum wir nehmen dich und die beiden und nicht Fabian und Björn. Habt alle drei gespritzt, also war auch geil für euch. Männer müssen ficken dürfen, werden sonst aggressiv. Weiß, ihr wollt nicht immer, aber muss sein. Haltet Arsch hin oder macht Mund auf und fertig. Nicht so schlimm, oder? Seid alt genug. Klar? Und jetzt wegen euch: Bin nicht blind!«

Ich erschrecke, Fabian hält die Luft an.

»Was …?«

»Kleiner, ich sehe, wie du Fabian anschaust. Und er schaut zurück. Jetzt ist seine Zelle leer. Verschwindet! Will euch bis Mittag nicht mehr sehen, klar?«

Ich habe die Zellentür geschlossen, von innen einen Stuhl dagegen gestellt. Ich schaue Fabian an, er schaut zurück, wir gehen aufeinander zu, »Daniel, ich …«, bevor er sagen kann, er sei nicht schwul, lege ich ihm einen Finger auf den Mund, küsse ihn, ich will das jetzt nicht hören, ich will ihn, will ihm zeigen, was Männer miteinander machen können, wenn beide wollen.

Er zögert etwas, doch dann kommt er mir vorsichtig entgegen, und als ich meine Arme um ihn schlinge, scheinen seine Hemmungen zu schwinden.

Ich bugsiere ihn Richtung Bett, ziehe uns nebenbei schon die Hemden aus, ebenso die T-Shirts, zusammen lassen wir uns auf die Matratze fallen, schlüpfen gerade noch aus den Schuhen.

Er versucht, was zu sagen, doch das ersticke ich mit meinem Mund, meine Finger wandern an ihm auf und ab, er macht mit, wird mutiger, eine Hand erkundet meinen Hintern. Die Hosen müssen jetzt weg, ich brauche keinen Stoff zwischen uns, befreie uns von diesem grauen Zeug, komme mit dem Kopf an seinem Bauch zu liegen, sauge mich gleich an seinem pulsierenden Ständer fest und er nimmt meinen zumindest in die Hand, aber er nuckelt oder leckt nicht daran. Ich dagegen bearbeite intensiv sein Rohr, lecke, sauge, blase, bespiele seinen Nillenkopf mit der Zunge, er wird immer heißer, immerhin wichst mich jetzt, gleich ist es so weit, bei ihm und bei mir, und als er mir den Schlund füllt, lasse ich es mir kommen, das Zeug spritzt auf den Boden, die ganze Spannung fällt von uns ab, wir bleiben bewegungslos liegen.

Unsere Köpfe stecken wieder beieinander. Sendepause, wir bleiben eng aneinandergeschmiegt, bis die Lebensgeister sich wieder melden.

»Sag mal, denkst du Oleg hat hier Narrenfreiheit, weil er einen Dealer zusammengeschlagen hat und die Wachen das gut finden?«

»Nein. Das kann schon eine Rolle spielen, aber da muss noch mehr sein. Wissen wir nicht.«

»Wahrscheinlich, ja.«

»Daniel, Oleg hatte dich heute schon, oder?«

»Ja, aber du hast gehört ›Muss sein‹. Ich dränge mich keinem auf, aber wenn einer will ... und warum soll ich dann so tun, als ob es mir nicht gefällt? Wenn du kannst, mach mit, wenn dich einer nimmt, dann hast du auch was davon. Geht nicht mit allen, manche sind einfach rücksichtslose Rammler, aber andere freuen sich, wenn du mitmachst. Niko ist so einer, Maxim, oder Zlatko. Die wollen ihren Spaß, aber nicht dir wehtun. Die aus meiner Zelle oder Bernauer und Stefan auch nicht. Mit denen mach ich's gern.«

»Der Wachtmeister von der Bibliothek?«

»Der ... ist was anderes. Der hat so eine dominante Art, der kann ich mich nicht entziehen. Wenn der mich fesselt und knebelt ... Dem hab ich mich angeboten, ja, muss ich zugeben. Oleg würde sagen ›Bereue nicht‹.«

Das kommentiert er nicht. »Ich ... weißt du, ich würde ja gern selber bumsen, aber das will keiner. Würde mir viel besser gefallen als andersrum.«

»Du weißt bloß noch nicht, wie es andersrum auch sein kann.« Ich drehe mich auf den Bauch. »Komm schon, nimm mich, mich kannst du bumsen! Ich will! Dich!«

Er spuckt mir in die Kimme, lecken traut er sich nicht, doch zumindest verschmiert er das Zeug auf meinem Loch, und als ich ihn dazu auffordere, steckt er mir erst einen, dann zwei Finger rein.

»Jetzt du selber! Leg dich auf mich! Steck ihn rein!«

Er kniet hinter mir, spuckt auf seine Rübe, setzt viel zu hoch an, da hat er keine Erfahrung, doch schließlich trifft er, gleitet in mich, presst seine Lenden auf meine Arschbacken, legt seine Brust auf meinen Rücken. »Tu ich dir weh?«

»Du tust mir nicht weh. Nimm mich! Lass dir Zeit, ich will dich in mir haben.«

Ich möchte in seine Augen sehen, das geht leider nicht, doch er drückt sich an mich, fängt sachte mit Fickbewegungen an, er kommt nicht so weit rein wie vorhin Oleg, doch er ist mit viel mehr Gefühl bei der Sache, und obwohl er wirklich nicht schnell ist, erregt ihn die Situation so, dass er plötzlich aufstöhnt und beginnt, in mir abzuladen, genauso unvermittelt wie gestern in der Wäscherei in meinem Mund.

»Entschuldigung«, flüstert er.

»Wofür denn? Bleib einfach auf mir liegen. Ist schön so!« Er ist nicht so schwer wie Oleg, ihn halte ich leicht aus.

Bald schläft er ein. Auf mir. In mir.

Plötzlich reißt es ihn. »Was … oh nein«, es wird ihm bewusst, was gerade passiert ist. »Daniel, entschuldige, ich … bin eingepennt.«

»Das hab ich gemerkt. Geh dich schnell waschen und dann komm wieder her.«

Ich beobachte ihn von hinten, als er am Waschbecken steht. Er ist schmäler als die meisten hier, ein ganz anderer

Typ, noch so zwischen »Boy« und »Mann«. Und dass sein Hintern die Männer reizt, ist klar.

Ich liege hinter ihm, so in Löffelchen-Stellung. »Bist du vielleicht doch ein bisschen schwul? Ein ganz kleines bisschen?«

»Nein, ich … ich glaube, nicht. Es ist schön mit dir, aber … nein. Ich wollte vorhin, weil, du weißt schon, aber …«

»Du wolltest mich haben, ja?«

»Ja.« Er dreht sich, sieht mir in die Augen. »Ich wollte dich haben, weil … sonst keiner … darf ich noch mal?«

Er dreht mich, ich wende ihm den Rücken zu, und er zeigt, wie sehr er es braucht. Jetzt hat er Stehvermögen, als er in mir steckt, irgendwann muss ich ihn auffordern zu kommen, es wird zu viel, obwohl ich ja einiges gewohnt bin, und diesmal kündigt sich sein Orgasmus an, so kann ich mich zugleich zu Ende wichsen, und da ich ziemlich an der Bettkante liege, lasse ich es einfach raus, spritze wieder auf den Boden.

Wir würden wohl beide wegknacken, doch auf dem Flur tut sich was, das Mittagessen ist gebracht worden, so stehen wir notgedrungen auf, ziehen uns an und gehen raus, riechen gleich, es gibt Sauerkraut. Mit Würstchen.

»Bernauer war da«, sagt Oleg beim Essen. »Wollte euch holen. Wasserschaden ist behoben. Hab gesagt, er soll nach dem Essen wiederkommen.«

»Oleg … danke!«

»Ist gut. Und passt auf. Müssen nicht alle wissen, klar?«

»Natürlich. Klar, Chef!«

Bernauer taucht wieder auf. »Seid ihr fertig?« Augenzwinkern, Oleg muss ihm gesagt haben, warum er später kommen soll. »Wir können weiterarbeiten. Ihr sollt unten nicht nach irgendwas suchen, verstanden? Und noch was, aber das wisst ihr nicht von mir: Unten sind jetzt Wanzen und Kameras. Verhaltet euch entsprechend. Schaut euch nicht auffällig um. Sagt ›Sie‹ zu mir. Fallt nicht übereinander her, auch wenn es euch schwerfällt. Kapiert? Gehen wir.«

Es fällt mir schwer. Mich nicht umzuschauen, »Herr Bernauer« zu sagen, und nicht über Fabian herzufallen.

18. Peinliche Aufnahmen

Am nächsten Tag passiert nichts Aufregendes, zumindest nicht in der Wäscherei. Hotelwäsche wird gebracht, wird abgeholt, wir sortieren, falten zusammen, mangeln, Bernauer schreibt und prüft Lieferscheine oder was auch immer. Eine Kamera fällt mir zufällig auf, zwischen zwei Abluftschächten, doch ich tue so, als ob nichts wäre.

Wir müssen aus der Kleidung von entlassenen Gefangenen die Etiketten heraustrennen, Hemden, Hosen und Jacken werden weiterverwendet. Albert holt die Sachen ab, sieht mich hier arbeiten, ruft mir zu: »Du weißt, wenn du neue Unterhosen brauchst, kommst du zu uns.«

»Ja, Herr Wachtmeister, danke.«

Fabian und Bernauer haben das mitgekriegt, Letzterer holt Albert dann gleich zu sich, damit der nicht noch mehr von sich gibt, was besser nicht auf irgendwelchen Aufzeichnungen festgehalten werden sollte.

Fabian sieht mich nur an, ich nicke, er schüttelt den Kopf.

Bernauer verabschiedet sich bis Montag, dieses Wochenende hätte er auch frei.

Fabian hat mich in eine ruhige Ecke unseres Flurs gezogen. »Hast du hier eigentlich schon mit jedem …?«

»Du bist aber jetzt nicht eifersüchtig, oder? Wir werden beide dieses Wochenende wieder für ich weiß nicht wen alles herhalten müssen. Ich schäme mich deshalb genauso wenig wie du. Bei mir probieren's vielleicht mehr, weil sie wissen, dass ich schwul bin. Und du hast mal gesagt, ich soll dir möglichst viele Kunden abnehmen.«

»Stimmt schon. Vielleicht sollte ich versuchen, das mit dem Sex hier so zu sehen wie du. Das Beste draus machen. Und das mit uns …«

»Hat mit dem anderen nichts zu tun. Und muss keiner wissen.«

Vor dem Einschluss diktiert mir Mischa einfache russische Wörter, ich mache kaum Fehler, und danach kommt es diesmal nicht zu einem Dreier oder Vierer, sie wollen mich schon alle haben, aber bequem, im Bett, und bei Oleg und Alexej wäre das kein Problem, aber bei Mischa oben haben wir Bedenken, so dass schließlich Alexej und ich die Betten tauschen. Nun besuchen sie mich nacheinander sozusagen im Erdgeschoss, bumsen mich durch, die beiden anderen sitzen direkt daneben am Tisch, werfen mal einen Blick her, beachten aber nicht groß, dass da einer von ihnen gerade eine Stute, nämlich mich, begattet.

Diesmal gehe ich später duschen als letzten Samstag, hoffe, die Serben sind bereits weg. Dem ist zwar so, doch dafür sind die Russen zugange. Und wie!

Beim Betreten des Duschraums sehe ich sofort vier bumsende Männer von hinten, ihre Rücken, Beine und vor allem Ärsche arbeiten, alle müssen sie ein Fickloch vor sich haben. Ich kann es zwar nicht sehen, aber es ist klar, wer das sein muss.

Sie haben sich Fabian, Björn, Pjotr und Pavel gekrallt, die stehen alle vier da, vornübergebeugt, stützen sich an den Wänden ab, werden heftig gedaddelt. Klatschen von Haut auf Haut und lautes Stöhnen, mehr oder weniger lustvoll, übertönen das Geräusch des Wassers. Drei, vier Kerle sind am Duschen, ob sie schon dran waren, auf ihren Einsatz warten oder sich wirklich nur waschen wollen, ich habe keine Ahnung.

Maxim ist einer von ihnen, mit einer Kopfbewegung lädt er mich ein, es wirkt wie »Wenn du Lust hast, komm her«, und natürlich folge ich einer solchen Einladung.

Rechts außen erkenne ich Fabian, er wird von Niko gefickt, das ist gut, der ist rücksichtsvoll und passt auf. Ich stelle mich daneben, so wie die anderen, bereit zum Anstich. Fabian hat gemerkt, dass da noch jemand kommt, erkennt mich, ein Signal mit den Augen, es ist keine Wollust in seinen Zügen, aber zumindest auch kein Schmerz.

Maxim schmiert sich und mich wohl mit Shampoo oder Duschgel ein, er ist vorsichtig, schiebt sich langsam in mich, und erst als von mir eindeutig geiles Stöhnen kommt, beginnt er zu bumsen. Ruhig, bedächtig fast, er will die Wärme meines Arsches lang auskosten. Mein Pimmel ist noch nicht voll ausgefahren, doch als Maxims Hand kommt, daran herumfummelt, werde ich schnell steif, das nimmt er als Zeichen, loslegen zu dürfen, und nun besorgt er's mir richtig. Ich lasse mich gehen, keine Schamgefühle, sollen die anderen ruhig merken, dass er es kann und es mir gefällt.

Ein Blick zu Fabian, der beobachtet mich ungläubig, sein kleiner Finger berührt an der Wand den meinen, eine Intimität, hier unter all den anderen. Er lenkt meinen Blick zu seinem Geschlecht und ich staune, kein Vollständer, aber angegeilt, obwohl oder weil er einen Schwanz im Arsch hat. Ich nicke anerkennend, soweit das in meiner Position möglich ist, denn Maxim hat mich an den Hüften gepackt und verpasst mir gerade ein paar besonders feste Stöße. Dann schaltet er wieder einen Gang zurück, will noch nicht kommen, doch nun spieße ich mich selbst auf, drücke mich gegen ihn, da legt er wieder los, vögelt sich in mir aus, spritzt schreiend ab.

Wieder ein Blick nach links, Fabian hat eine Hand an sein Rohr gelegt, das mache ich nun auch, gemeinsam wichsen wir, im Takt von Niko, wir werden alle schneller, Maxims lautstarker Abgang war ein Zeichen, die vier verbliebenen Hengste reiten jetzt Galopp, die Stuten winseln, sogar Maxim steckt noch in mir, wartet, bis ich fertig werde. Gepresstes Keuchen von links, Niko ist gekommen, daneben noch einer, auch Fabian wird gleich … ist schon so weit, er schießt ab, da kann ich nicht mehr, entlade mich ebenso heftig, wir japsen beide nach Luft.

Ich richte mich auf, denn bequem ist die Stellung nicht, dabei flutscht Maxims schlapp gewordener Dödel aus mir. »Gut?«, fragt er, und mein »Sehr gut!« ist ehrlich gemeint.

Als wir allein sind, sagt Fabian: »Ich weiß nicht. Niko hat mir nicht wehgetan. Trotzdem …«

»Aber du bist doch gekommen!«

»Ja, aber nicht wegen … du weißt schon.«

Als ich nach dem Hofgang in unsere Zelle zurückkomme, sitzt Mischa am Tisch, blättert in seinem Sexheft, eine Hand unter der Tischplatte. Er lässt sich nicht stören, ich werfe einen Blick auf die Bilder, die er da vor sich hat, aber das macht mich nun mal nicht an. Kein bisschen.

Mischa selbst dagegen umso mehr. Er ist kernig, kräftig, ein Kerl. Seine Geilheit ist förmlich zu riechen. »Soll ich dir einen blasen?«

»Sau!« Mehr sagt er nicht, aber er rückt ein Stück zurück und macht die Beine breit. Die Hose hat er angelassen, doch sein Kolben steht schon aufrecht da, auch den Sack hat er rausgeholt. Ich krieche unter den Tisch, zwischen seine Beine, nachdem ich meine Hosen schnell aufs Bett geschmissen habe. Er hat die Hand weggenommen, so greife ich mir nun seinen Pint, schlabbere erst an seiner Eichel, ehe ich mir das ganze Ding reinziehe. Geiles Brummen, er lässt mich machen, ich höre ihn ab und zu umblättern, das ist mir egal, ich konzentriere mich auf sein Rohr, natürlich nicht nur, eine Hand ist schon auch an meinem eigenen Schwanz. Seine Eier kommen nicht zu kurz, ich sauge sie mir ein, eine haarige Angelegenheit, trotzdem geil, oder deswegen. Ihm gefällt es jedenfalls, ich glaube, er hat sein Heft zur Seite gelegt, und als ich wieder an seiner Kanone lutsche, packt er meinen Kopf und beginnt, mich zu ficken. Richtig Schwung holen kann er nicht, so im Sitzen, doch er ist lauter geworden, ist härter geworden, sein Griff fester, er wird schneller, ich würde gern verstehen, was er nun auf Russisch stammelt, jetzt wird er gleich kommen, in sein »Da … da … da« falle ich mit »Ja … ja … ja« ein, wichse wie besessen, und als er sich in meinem Mund ergießt, spritze ich mal wieder auf den Boden.

Als ich nach einer Verschnaufpause unter dem Tisch hervorkrabble, steht da Oleg, wer weiß, seit wann. »Warst du nett zu Mischa, Kleiner? Gut.« Ich nicke nur.

»Er ist Sau, Chef«, kommt von Mischa. »Hab gar nicht gesagt, er soll. Er wollte!«

»Weiß ich«, bestätigt Oleg. »Er ist Drecksau!«

Nach dem Essen wollte ich mich noch mit Fabian zusammensetzen, doch daraus wird nichts, früher als sonst werden wir eingeschlossen, von dem Aufseher, der uns Anfang der Woche morgens zur Wäscherei brachte.

»Er mag mich nicht«, stellt Oleg fest. »Deshalb er sperrt uns ein. Mag ihn auch nicht. Er wird uns beobachten. Machen wir heute nichts. Der soll meinen Arsch nicht sehen.«

So ist Zeit für das russische Alphabet. Gar keine Fehler mehr.

Am Sonntag werden Fabian und ich gleich nach dem Frühstück von Stefan abgeholt. »Wegen der Wäscherei«, sagt er, doch er führt uns nicht dorthin, sondern zum Direktor, der ihn aber gleich wieder rausschickt und in dessen Zimmer Bernauer schon wartet.

»Ich dachte, ääh … Sie haben frei?« Das »Sie« ist mir gerade noch eingefallen.

»Besondere Umstände …« murmelt er kleinlaut.

»Kann man so sagen«, schaltet sich der Direktor ein. »Und Sie können sich duzen, tun Sie ja sonst auch.« Mir bleibt der Mund offen stehen. Was weiß er?

»Herr Schuler, Herr Richter, Sie wollten bei der Aufklärung dieser Rauschgiftsache helfen. Danke dafür, es wird zu gegebener Zeit berücksichtigt werden. Heute Nacht wollte jemand das vermeintliche Kokain an sich bringen. Der Fall ist weitgehend geklärt. Ich gehe davon aus, dass Sie, schon in eigenem Interesse, Stillschweigen bewahren, außer gegenüber Herrn Kasparow, das ist mir klar.«

»Heute Nacht … das muss ja ein Wachmann gewesen sein … Oleg hat gesagt, er weiß, dass Aufseher bei dem Geschäft mitmachen.«

»Herr Schuler, das kann schon sein, das nützt mir aber nichts, ich brauche Beweise. Weiter. Ich gestehe zu, Sie wollten helfen, aber Sie unterschätzen uns. Was Herr Richter gefunden hat, war Backpulver. Das Kokain in der Waschmaschine wurde bei der ersten Durchsuchung bereits entdeckt und ausgetauscht. Die Wäscherei wurde auch seitdem überwacht, das hat Herr Bernauer nicht gewusst, sonst wäre es wohl kaum zu gewissen Vertraulichkeiten zwischen Ihnen gekommen.«

Das Blut schießt mir in die Birne, ein Blick zu Fabian, er ist knallrot.

»Es hat mich nicht sonderlich überrascht, ich weiß, was hier im Haus so passiert. Solange von Seiten des Personals kein physischer oder psychischer Druck ausgeübt wird, was hier wohl der Fall ist, und die Gegenleistung nur in Keksen zum Kaffee besteht, soll es mir recht sein. Das heißt nicht, dass ich es billige, aber ich bin Realist genug, um zu wissen, dass ich es nicht unterbinden kann. Die Überwachungstechnik wird abgebaut. Solange die Wäscherei zuverlässig arbeitet, will ich nicht wissen, was noch passiert. Das wär's. Herr Bernauer, Sie bringen die Herren zurück. Möchten Sie noch was sagen?«

Wir kriegen keinen Ton heraus.

»Dann auf Wiedersehen.«

Bernauer ist äußerst geknickt. »Das war der Anschiss meines Lebens, ich sag's euch! Euch kann er nichts anhaben, aber ich dürfte natürlich nicht mit euch rummachen. Wenn das jemand anders als er gesehen hätte, nicht auszudenken! Er hat aber selbst gesagt, er wüsste, dass er die halbe Belegschaft rausschmeißen muss, wenn er alle, die schon mal mit einem von euch ... ihr wisst schon.«

Das glaube ich sofort. »Weißt du, wer da heute Nacht ...«

»Heinz. Der, der euch diese Woche morgens gebracht hat.«

»Und was hat der Direktor gesehen oder gehört?«

»Keine Ahnung. Aber er kennt Einzelheiten, denk an die Kekse. Er will auch mit Albert ein paar Takte reden, was muss der Trottel dich auch wegen Unterhosen anquatschen?«

»Er hätte Schauspieler werden sollen.« Der erste Kommentar von Fabian. »Wie er reagiert hat, als ich die Tütchen gefunden habe. Das muss ja seinen Plan total durcheinandergebracht haben. Wahnsinn!«

Oleg ist sehr zufrieden, dass Heinz erwischt wurde. Der Rest entlockt ihm nur ein lakonisches »Hat er eben junge Männer gesehen …«, und, mit einem Blick zu Bernauer, »oder weniger jung.«

Die Geschichte mit Heinz macht im ganzen Haus die Runde, inwieweit wir beteiligt waren, scheint aber niemand zu wissen.

19. Abspritzverbot

Endlich Samstag, heute dürfen wir wieder länger schlafen.

Die letzten Abende kamen immer ein, zwei oder drei Russen für eine schnelle Nummer in mein Bett. Bevor der erste anfing, habe ich die anderen nach ihren Absichten gefragt, um zu wissen, bei wem ich mich selbst gehen lassen konnte.

Fabian ist einverstanden, als ich vorschlage, den Hofgang ausfallen zu lassen, und so fühle ich bei Oleg vor, ob wir uns heute nicht daraus ausklinken dürften.

»Musst du Max fragen. Kannst ja mal wieder nett zu ihm sein.«

Als es losgehen soll, bringe ich unser Anliegen vor. »Herr Wachtmeister, äh, Fabian und ich fühlen uns nicht wohl und würden auf den Hofgang lieber verzichten und uns hinlegen.«

Er mustert mich. »So. Nicht wohl. Dann legt euch mal hin.«

Es sieht nicht so aus, als ob er mir glaubt, und vermutlich wird er irgendwann eine Gegenleistung wollen.

Wir verschwinden in unseren Zellen, als die anderen weg sind und es draußen ruhig geworden ist, stürze ich zu Fabian, schließe die Tür, lege mich zu ihm. »Komm … wir haben nicht ewig Zeit!«

Die knappe Stunde nutzen wir, intensiv. Diesmal möchte ich Fabian sehen, wenn er in mir steckt, und so setze ich mich auf ihn, mit seinem Kolben im Loch reite ich ihn, beuge mich runter, er lässt sich küssen, er nimmt mich, langsam, behutsam, die anderen mögen längere oder dickere Schwänze haben, egal, mit ihm ist es anders, er will mich auch um meinetwillen, nicht nur um sich abzureagieren. Wir genießen einander mit dem ganzen Körper, und Fabian schafft es wieder, mich zu überraschen, ich kann sein Gesicht noch nicht ganz lesen. Plötzlich hält er inne, seine Lenden pressen sich an mich, er starrt mich an, zugleich explodiert er in mir, mit enormem Druck lädt er ab, während ich seinen Schrei mit meinem Mund ersticke.

»Willst du nicht auch?«, fragte er nach einer Weile.

»Doch, ich will.«

Und wie ich will! Ich zeige ihm Dinge, die er noch nicht kennt, nuckle, nachdem ich abgestiegen bin, an seinem Schwanz, presse meine Stirn in seinen Bauch, schnüffle in seinem Schamhaar, spiele mit der Zunge mit seinem Pimmel, der schon nicht mehr kleiner wird, ich suche Blickkontakt, Fabian schaut fasziniert und ungläubig zugleich. Dann fasse ich in seine Kniekehlen, stemme seine Beine hoch, wende mich seinem Loch zu, speichle es ein, lecke durch seine Arschspalte, bis vor zum Sack, immer den Blick auf ihn gerichtet. Seine Augen werden glasig, sein Atem wieder schneller, sein Schwanz wieder hart, und als ich ihn nun auch noch wichse, kann er nicht mehr. »Noch mal, Daniel! Komm, ich will dich noch mal …«

Ich gebe ihn frei, drehe mich auf den Bauch, jetzt soll er Tempo, Tiefe, Takt bestimmen, in dem er mich bumst!

Er versteht meine Absicht, schwingt sich über mich, hält seinen stocksteifen Ständer, meine heiße Schote empfängt ihn, macht bereitwillig auf, da ist kein Widerstand, ich nehme ihn ganz auf, seine Lenden pressen sich an mich. Ich mache die Beine breit, sein Oberkörper fällt auf mich, ich habe seinen Atem im Nacken und langsam hebt und senkt er nun sein Hinterteil, er bumst mich und ich taste mit einer Hand nach meinem Dödel, der hocherregt über das Bett schubbert. Um das nicht zu versauen, drehen wir uns auf die Seite, ohne dass er aus mir rausflutscht. »Fick mich!« stöhne ich, »ich komme gleich!« Er legt los, hämmert sich in mich, das Ziehen in meinen Eiern beginnt, ich will zusammen mit ihm kommen, ganz schaffe ich es nicht, als ich den Boden versaue, hat er mich schon mit seiner Soße abgefüllt.

Leider können wir nicht zusammenbleiben, die anderen werden bald zurückkommen, ein letztes gegenseitiges Drücken, wir waschen uns, jeder legt sich in sein Bett.

Sie trudeln ein, wie vereinbart mischen wir uns wieder darunter, nur Björn sieht uns aufmerksam an, ich glaube, er ahnt was.

Nach zwei Schachpartien kommt das Essen, ausnahmsweise keine Würstchen. Danach bin ich mit meinen drei Russen in der Zelle, ich lese im Bett, sie quatschen, als Max auftaucht, denke ich, er will mich schon holen und stehe auf, doch er schnauzt mich an, ich sei ein Simulant und könne liegen bleiben. Dann verschwindet er mit Oleg, der sagt, er hätte was zu erledigen. Mischa und Alexej meinen, er würde wohl andere Flurchefs treffen. Und fragen, warum Max sauer auf mich sei.

Ich tue ahnungslos, und wie sehr mich der herrische Tonfall dieses Wachtmeisters anmacht, behalte ich für mich.

Etwa eine Stunde später ist er wieder da. »Schuler, los!«

»Ja, Herr Wachtmeister!«

Max befiehlt »Mund halten!« und marschiert voraus, ich trotte hinterher in den Keller in die Bücherei.

»Ausziehen! Alles!«, befiehlt er, und mein »Herr Wa…« würgt er sofort mit »Mund halten!« ab.

Mir ist nicht ganz wohl bei der Sache, Max scheint wirklich sauer zu sein. Ich will was sagen, doch weiter als »Herr Wachtmeister, lassen Sie…« komme ich nicht, da fährt er mir über den Mund. »Schnauze! Ausziehen!«, und ich kann mir nicht helfen, dieser barsche Ton…, als ich nackig bin, habe ich schon einen Ständer. Max starrt mich mit wissendem Grinsen an, ich traue mich nicht mehr, zu sprechen, und nun sehe ich, dass da noch ein Aufseher im Raum ist. Ich kann nicht erkennen wer, er ist im Schatten und das Gesicht zum Teil von einer Schirmmütze verdeckt, Bernauer oder Stefan sind es von der Statur her jedenfalls nicht.

»Auf den Bauch! Sofort! Und Beine breit!«

Ich liege auf dem Fußboden, schwere Schritte, Max'

Stiefel bleiben genau vor meiner Nase stehen. »Lecken! Los!«

Natürlich gehorche ich und speichle die beiden schwarzen Treter ein, geiler Geruch, geiler Geschmack, dieses Leder.

»Ihr wolltet also den Hofgang nicht mitmachen, weil ihr euch nicht wohl fühlt, ja? Was meinst du, Kollege?«

Der zweite Aufseher tritt näher, im Augenwinkel sehe ich nur seine Beine, doch die Stimme kenne ich umso besser. »Er lügt. Sie haben gefickt. Habe zugesehen.« Oleg.

Er kniet sich neben mich, holt aus und haut mir mächtig auf den Arsch. »Mag nicht, wenn man lügt. Weißt du!«

»Oleg, du hast selbst gesagt, ich soll Max fragen!«

Wieder ein Schlag auf meinem Hintern. »Kleiner, ich habe gesagt ›fragen‹, nicht anlügen. Hättest sagen können, wollt nicht auf den Hof, sondern lieber ficken. Hätte Max verstanden.«

»Oleg, Entschuldigung, es war gelogen, ja, aber … was wollt ihr von mir?«

»Kleiner, was werden wir wollen, hm? Du hast vorhin in Zelle gesagt ›Fick mich!‹ oder so ähnlich, also ficken wir dich. Klar?«

»Klar.«

»Gut. Aber vorher, gibt Strafe für Lügen!« Und damit vermöbelt er mir den Arsch, bis ihm selbst die Hand brennt. Und mein Hintern auch.

»Genug. Leg dich auf Tisch!«

»Ja.« Mein Pint ist von der Arschversohlung eher noch härter geworden, was Oleg mit »Drecksau!« kommentiert.

Beide haben ihre Rohre ausgepackt und während Max mich hinten schon fickt, packt Oleg meinen Kopf, will, dass ich ihm in die Augen sehe. »Pass auf, Kleiner: Gefickt werden ist für dich sowieso Belohnung. Arsch verhaut kriegen auch. Deshalb, als Strafe für Lügen, du wirst jetzt nicht wichsen und spritzen! Und nächste drei Tage auch nicht! Sonst binden wir dir die ganze Woche eine Manschette um deinen Schwanz, und du wirst nicht können. Verstanden?«

Er erwartet keine Antwort, steckt mir seinen Riemen ins Maul, und nun ziehen mich die beiden geilsten Kerle dieser Anstalt durch, dazu mein von den Prügeln heißer Arsch, und ich darf nicht, Oleg würde seine Drohung sicher wahr machen, das ist mir klar.

Oleg und Max tauschen mehrmals die Plätze, beide orgeln mich von vorne und von hinten durch und ich versuche krampfhaft, an irgendwas anderes zu denken. Schwierig, sehr schwierig, mit diesen beiden Kolben in den Löchern.

Endlich haben sie genug, beide laden sie ihren Schleim in meiner Arschmöse ab, lassen ihre Kanonen von meiner Zunge blitzblank reinigen, und ich darf nicht …

Wie soll ich das drei Tage durchhalten? Seit ich ungefähr 14 war, habe ich sicher noch nie so lange nicht zumindest gewichst.

Oleg beteiligt sich nicht, als abends Mischa und Alexej ihre Geilheit in mir abreagieren, und weil sie sich wundern, als ich mir keinen abrubble, erklärt Oleg: »Er darf nicht. Hat gelogen!«

Ich kann nur hoffen, dass die beiden den Mund halten. Muss ja nicht der ganze Flur wissen.

Bernauer hat zumindest Verständnis, als ich ihm am Montag erkläre, warum ich nicht mit ihm rumtun will, und lässt mich in Ruhe.

Die anderen nehmen darauf keine Rücksicht und mit jedem Tag wird es schwerer, nicht unbeabsichtigt abzuladen, wenn irgendein Russenrohr mich bumst.

Gleich morgens beim Wecken am Mittwoch, dem vierten Tag, stellt sich Oleg, der wie immer nackig geschlafen hat, vor mein Bett. »Schau mich an! Hast du gewichst?«

Ich sehe ihm in die Augen. »Nein.« Gut, dass ich es wirklich nicht gemacht habe, ich könnte seinen Blick sonst nicht halten.

Er scheint nicht überzeugt. »Will sehen, wie viel kommt. Spritz! Jetzt!«

Ich strample meine Decke runter, ziehe mich aus, lege meine Morgenlatte frei. »Darf ich dich absaugen?«

Oleg tritt näher, ich stütze mich hoch, züngle um seine Eichel, meine Rechte umschließt meinen Schaft, ich wichse nur ganz langsam, will noch nicht sofort, doch als er meinen Hinterkopf umfasst und mir seinen harten Schwengel reinrammt, ist es vorbei. Alles in mir verkrampft, ich kann gerade noch mein Becken hochdrücken, dann schießt das aufgestaute Zeug aus mir heraus, und meinen Bauch, meine Brust, die Arme, alles versaue ich, sogar Olegs Beine kriegen was ab.

»Gut, Kleiner. Weiß, war hart für dich.« Er gibt sich nun

selbst die Faust, spritzt mir nicht mal ins Maul, wie ich vermutet hätte, sondern verteilt seine Soße ebenfalls auf meinem Körper.

Nach einer kurzen Pause bringt er mir sogar Klopapier, damit ich nicht den Fußboden vollkleckere, wenn ich aufstehe.

»Weißt Bescheid, Kleiner! Nicht lügen!«, sagt er noch, ehe er sich wieder ins Bett legt. »Jetzt darfst du wieder, sooft du willst.«

20. Der Mann mit der Maske

Max hat diese Woche bei uns Schließdienst, hat uns spät eingeschlossen, und wie gestern schon ist auch heute unsere Zellentür vollgewichst. Von zwei Mann. Ich habe abends das offene Guckloch gesehen, während die Russen mich durchgezogen haben.

Am Abend wollen nach dem Einschluss Mischa und Alexej was mit mir anfangen, doch Oleg hält sie auf, redet so schnell russisch, dass ich nichts kapiere, aber die beiden verziehen sich in ihre Betten. »Wir müssen noch weg, Kleiner«, erklärt er. »Deshalb nicht.«

»Weg? Jetzt? Wohin?«

»Egal. Musst nur nett sein.« Er scheint auf seinem Smartphone eine Nachricht zu schreiben.

»Ich soll nett sein? Zu wem?«

»Musst du nicht wissen. Aber sag, dass es dir gefällt. Weil du Sau bist. Klar?«

Also lege ich mich angezogen aufs Bett und warte. Worauf auch immer.

Etwa eine halbe Stunde später höre ich Schritte auf dem Flur, bei uns wird aufgeschlossen. Max steht in der Tür, hält Oleg etwas hin. »Setz ihm das auf!«

Und Oleg stülpt mir eine schwarze Lederkapuze über, rückt sie zurecht, fummelt an meinem Hinterkopf rum, schnürt was fest, Nase und Mund sind frei, doch ich sehe nichts und höre alles nur sehr gedämpft.

Jemand greift meinen rechten Arm, führt mich einige Schritte, dumpfes Klirren, die Zelle wird wohl wieder versperrt, eine weitere Hand fasst links nach mir, sie bringen mich, ja, wohin? Oleg wird von irgendwem, den ich nicht erkennen soll, etwas brauchen. Und der will als Gegenleistung mich. Wahrscheinlich meinen Arsch. So wie Fabian ganz am Anfang mal gesagt hat.

Wir gehen nicht weit, müssen immer noch in unserem Flur sein, sie halten mich auf, jemand zupft an mir rum, zieht mir Schuhe, Hose und Unterhose aus, drückt meinen Oberkörper runter und ich komme auf etwas zu liegen, vermutlich ein Tisch in unserem Wohnzimmer. Meine Füße und Arme werden an den Tischbeinen fixiert, sicher werde ich gleich gefickt. Die Frage ist, von wem.

Hände betatschen meinen Nackten, Oleg und Max sagen was. Ich verstehe sie nicht, doch es sind ihre Stimmen. Etwas tropft in meine Kimme, Finger verreiben das Zeug, eine Schwanzkuppe drängt gegen meine Ritze, dringt in mich ein, eine Mordslatte wird nachgeschoben, ich weiß sofort, das ist Oleg. Er packt meine Hüften, sticht zu, wieder und wieder, seine Latte bohrt mich auf, ich merke, er hat sich nicht ausgezogen, seine Hose scheuert an meiner Haut während er mich bürstet. Natürlich werde ich mit diesem Kolben drin geil, hechle, stöhne, »Ja … ja … fick mich … fick mich …«, ich kneife mein Loch zusammen, was mir harte Schläge auf beide Arschbacken einbringt. Ich lasse wieder locker, die Russenkanone spaltet meinen Hintern noch tiefer, Oleg wird schneller, wilder, er will jetzt einfach nur kommen, und mit einem lauten Aufschrei, den ich trotz der Maske höre, pumpt er seinen Eierschleim in meinen Darm.

Ein kurzes Verschnaufen, dann wechseln die Schwänze in meiner Kiste. Kaum ist Oleg draußen, kommt schon Max, auch ihn erkenne ich am Format seines Riemens, seinem Fickstil und zudem an den Schäften seiner Lederstiefel an meinen Waden. Max bockt meinen von Oleg gut eingerittenen Hintereingang, während der vorne meinen Kopf packt und mir seinen Dödel zwischen die Kiemen zwängt. Ich sauge, nuckle, lecke das Ding sauber, und Max tobt sich derweil an meinem anderen Ende in mir aus. Auch er muss nur seine Latte ausgepackt haben, da wetzt Stoff an meinem Arsch … ich muss aufpassen, dass mir nicht schon einer abgeht, dieses Bild … Max, in Uniform, mit Ständer … und sobald Oleg meine Maulfotze freigibt, feuere ich ihn an. »Gib's mir, ja, gib's mir, stopf mir den Arsch, ja, komm … komm … fick mich …«

Und er gibt's mir, orgelt mich durch, schiebt mein Hemd hoch zu den Schultern, stützt sich auf meinem Rücken ab, wummst mich ewig lange mit voller Wucht, bis er sich, ich muss sagen endlich, in mich ergießt. Noch eine Minute, und ich hätte abgespritzt, ohne Handanlegen.

Max' Lustkolben gibt meinen Arsch frei, drängt gleich darauf, noch hart, zwischen meine Lippen, ich schlabbere an dieser verschmierten Fleischwurst, es ist so geil …

Max lässt mich machen und ich erwarte, dass sich ein Unbekannter hinten über mich hermachen wird, aber da tut sich nichts. Ich überlege schon, ob der nur zuschauen wollte, als doch jemand meine Hinterbacken auseinanderzieht. Und da mir dieser jemand gleich mindestens drei, eher vier, Finger in den Arsch steckt, weiß ich, das ist nicht Oleg. Mein Loch steht offen, die Finger flutschen rein wie nichts, Spucke landet in meiner Ritze, zusätzliches Schmiermittel, sicher nicht nötig, so wie die anderen vorgearbeitet haben.

Max gibt mein Maul frei, und gemäß Olegs Auftrag mache ich auf Sau. »Fick mich doch!« fordere ich, »fick mich richtig, mit dem Schwanz!«

Die Finger werden ersetzt durch einen echt fetten Pint, mindestens so groß wie der von Sergej oder Zlatko. Der bohrt sich nun in mich hinein, und sogar meine nun wirklich gut zugerittene Fotze hat zu kämpfen und ich bin froh, als sich Beine, Lenden, Bauch, von wem auch immer, gegen meine Schenkel, meinen Arsch pressen. Hände packen meine Schultern, der Kolben in mir beginnt sein Werk, völlig gleichmäßig, wie von einer Fickmaschine, werde ich hergenommen. Ich stöhne »Oh!« und »Ah!«, und ich muss das gar nicht spielen, ich bin saugeil. Nicht zu wissen, wer mich da durchzieht …

Rhythmische Stöße durchpflügen meinen Arsch. »Jaah … du Schwein … bock mich … stopf mein Loch … ich brauch's … aah!« Ein besonders heftiges Rammen, Innehalten, das Rohr in mir beginnt zu pulsieren, die Samenspritze lädt ab, eine gewaltige Menge Sperma kriege ich reingepumpt, und wieder war ich selbst kurz vor dem Kommen.

Der Riemen flutscht aus meinem Loch, und hechelnd strecke ich die Zunge raus, hoffe, hoffe wirklich, auch dieses Stück Fleisch noch lecken zu dürfen.

Ja! Eine schmierige Eichel öffnet mein Maul, ich bearbeite sie sofort mit der Zunge, ein saugeiler Geschmack, mein Ficker steckt mir sein Rohr ganz ins Maul, und ich hatte vorhin schon bemerkt, dass auch dieser Kerl bekleidet war und nur sein Gemächt ausgepackt hatte, und nun steckt meine Nase im Stoff der Hose des Typen, und was ich da rieche sind … Zigarren, eindeutig, und nun weiß ich, wer mich durchgefickt hat, und wessen Schwanz ich vor mir habe, und ich kann nicht mehr, ich explodiere, und schreiend fast verspritze ich meine Soße irgendwo auf dem Boden.

Einige Minuten vergehen, ehe mir jemand die Fesseln löst und die Maske abnimmt. Oleg und Max sehen auf mich runter, wie vermutet in unserem Wohnzimmer, und ich richte mich langsam auf, ziehe mich an, mein Kreislauf muss erst wieder in Schwung kommen.

Oleg hält mir ein paar Blätter Küchentuch hin. »Wisch auf! Warst gut! Machen wir jetzt öfter.« Er lächelt nicht gerade, aber er ist zufrieden. Und mir ist klar, wieso er hier machen kann, was er will. Weil er dem Direktor Ärsche wie meinen zur Verfügung stellt. Ich muss nachdenken, wie ich mit diesem Wissen umgehe.

Zwei Tage später bin ich mal mit Oleg allein in unserer Zelle.

»Ich muss mit dir reden, Oleg«, sage ich, »und bitte tick nicht gleich aus, sondern hör mir erst zu. Ich weiß, wer vorgestern Abend der dritte Mann war.«

»Kannst du nicht wissen. Und geht dich nichts an! Klar?« Er wird schon laut, das muss ich verhindern.

»Hör bitte zu und schrei nicht. Mir ist klar, dass das keiner wissen soll, deshalb rede ich ja mit dir alleine. Die Klamotten des Direktors stinken nach Zigarrenrauch. Ich war mit der Nase direkt in seiner Hose. Ich bin nicht blöd, Oleg!«

Er starrt mich an. Weiß noch nicht, wie er reagieren soll. »Was willst du?« Zumindest spricht er wieder leise.

»Überleg doch, was passieren würde, wenn ich darüber rede. Sicher würden der Direktor, Max und du Ärger kriegen, aber was hätte ich davon? Nichts. Ganz abgesehen davon, dass ich gar nicht wüsste, wem ich es sagen soll. Ich bin hier ziemlich zufrieden, Oleg. Ich will weiter in dieser Zelle bleiben, mit dir, Mischa und Alexej. Ich will, dass ihr mit mir Russisch übt. Und ein vernünftiges Lehrbuch. Ich will mit Fabian bei Bernauer in der Wäscherei bleiben. Mit Max in die Bücherei. Ich will es mit euch allen treiben. Ich mach's auch am Wochenende mit den anderen hier am Flur. Nur Iwan nicht, der soll mir von der Pelle bleiben.«

Ich sehe Oleg an, dass er nicht weiß, ob er mir trauen kann.

»Oleg, sie würden mich kaum freilassen, nur weil mich der Direktor gepudert hat. Ich käme höchstens in eine andere Zelle, einen anderen Flur, vielleicht eine andere Anstalt. Wieso sollte ich das wollen? Solange es hier so weitergeht wie bisher, werde ich den Mund halten. Du musst entscheiden, ob du Max sagst, was ich weiß. Dem Direktor würde ich es nicht sagen. Er ist dir mehr verpflichtet, wenn er denkt, ich weiß es nicht.«

Olegs Augen werden zu schmalen Schlitzen. »Bist nicht blöd, Kleiner. Muss nachdenken.«

An diesem Abend fordert Oleg Mischa und Alexej auf, mich ordentlich herzunehmen, und ich stelle willig meine Löcher zur Verfügung. Als die beiden fertig sind, besteigt er selbst mich noch als dritter Mann.

»Bleibt alles so!«, raunt er mir zu. »Wenn du Mund hältst!«

Zwei Tage später bringt Max Übungsbücher eines Russisch-Kurses. Ich frage nicht weiter nach.

21. Routine

Es hat sich eingespielt.

Wochen sind vergangen, Monate. Ich bin dreiundzwanzig geworden. Ein neues Jahr hat begonnen. Ich denke nicht mehr jeden Tag daran, warum ich eigentlich hier bin. Es ist relativ gut, in Anbetracht der Umstände vielleicht sogar ziemlich gut.

Ich arbeite mich durch die Gefängnisbibliothek und spiele Schach mit Oleg. Meist ist er recht umgänglich, und wenn er wirklich mal wegen irgendwas sauer ist, will er zwar seine Ruhe haben, lässt seine schlechte Laune aber nicht an Unbeteiligten aus.

Die Russen unseres Flures, besonders meine drei Zellenkumpane, helfen mir mit ihrer Sprache, und ich kann mich schon ganz passabel unterhalten.

Während der Arbeitswoche besuchen mich nach Einschluss immer ein, zwei, oder drei meiner Zellengenossen, um ihre Geilheit bei mir loszuwerden.

Seit Felipe entlassen wurde, arbeiten nur noch Fabian und ich in der Wäscherei, Bernauer zieht sich jeden Tag mal in sein Kabäuschen zurück, lässt uns allein, weiß genau, was da hinter einigen Wäschewagen passiert. Zwei, drei Mal die Woche macht er mit, lässt sich blasen, bumst mich oder ich lecke ihm den Arsch, während Fabian arbeitet.

Ab und an kommt Albert dazu, bringt Wäsche, holt Wäsche, macht bei uns Pause …

Wenn uns Stefan zur Arbeit bringt, machen wir gelegentlich einen Stopp in der Putzkammer, er will nicht bumsen, doch dass ich ihn blase, gefällt ihm. Fabian schaut weg.

Die Küche muss einen neuen Chef haben, es gibt nicht mehr so oft Würstchen. Dafür Bratlinge in allen Variationen.

Jeden Monat mit Stefan ein Besuch beim Doktor, regelmäßig mit rektaler Untersuchung zum Test der Aufnahmefähigkeit meines Lochs, erst mit Stefans Schlagstock, dann mit dem Fleischspieß des Docs.

In den Wochen, in denen Max Spätschicht hat, ein- oder zweimal eine Nummer mit der Lederhaube über dem Kopf. Ich tue, als ob ich nicht wüsste, wer mich da stopft.

Einmal die Woche eine Sonderöffnung der Bücherei von Wachtmeister Max Straubinger, hin und wieder mit Oleg.

Samstag oder Sonntag, manchmal an beiden Tagen, Sex mit Serben oder Russen, gern mit Zlatko, Maxim, Niko, einigen anderen, Iwan probiert es gar nicht mehr bei mir.

Gelegentlich erwähnt Oleg, er wäre jetzt mit Mischa und Alexej eine halbe Stunde im Wohnzimmer, dann besucht mich Fabian.

Wir überlegen, wie es ist, wenn wir wieder draußen sind. In etwa zwei Jahren.

22. Fast ein Wunder

Eines Nachmittags kommt unerwartet Max in die Wäscherei, er lässt sich hier kaum mal blicken. »Schuler, mitkommen, du hast Besuch!«

Ich habe keine Ahnung, wer das sein könnte, mein Verteidiger ist der Einzige, der mal hier war, und das ist auch schon Monate her.

Max führt mich in ein Besucherzimmer, da wartet ein Mann, den ich nicht kenne. Kräftig, von der Statur her wie Bernauer, aber jünger und nicht so dunkel. Mitte dreißig, Bürstenhaarschnitt, randlose Brille. Er wirkt sehr seriös, weißes Hemd, Anzug, Schlips. Ich setzte mich ihm gegenüber. »Sie wollen mich sprechen?«

»Ja. Herr Schuler, ich weiß, Sie kennen mich nicht und sind überrascht, aber bitte hören Sie mir zunächst einfach zu. Mein Name ist Andreas Bergmann, ich bin Anwalt. Ich weiß, Sie sind unschuldig und ich kann zumindest versuchen, Sie hier rauszubekommen.«

»Wie soll …«

Er unterbricht mich sofort. »Moment, bitte warten Sie. Ich bin Herrn Kasparows Anwalt und habe von ihm Ihre

Geschichte gehört, aber ohne neue Beweise oder Zeugen keine Möglichkeit gesehen, etwas für Sie zu unternehmen. Nun ist letzten Monat jemand wie Sie in meine Kanzlei gekommen, der mit derselben Geschichte erpresst wurde, es war offensichtlich, welches System dahintersteckt. Mit den Aussagen dieses Mandanten und dem Verweis auf Ihren Fall konnte ich einen Durchsuchungsbeschluss für Romans Wohnung erwirken. Dabei wurden etliche eingefrorene Spermaproben gefunden, mit einer Namensliste, darunter auch Sie.

Ich kann es nicht versprechen, aber ich bin zuversichtlich, dass Sie freikommen. Nicht einmal die deutsche Justiz wird umhinkönnen, hier einen Fehler zuzugeben, obwohl sie das sehr selten und äußerst ungern tut. Sie würden auch eine Haftentschädigung erhalten, die allerdings lächerlich niedrig ist, 25 Euro pro Tag, das ist eine Schande für diesen Staat. Wenn Sie mich mit Ihrer Vertretung beauftragen, kann ich helfen, das alles zu beschleunigen, denn Justitias Mühlen mahlen extrem langsam.«

Ich brauche eine Weile, um zu realisieren, was dieser Mann mir gerade alles gesagt hat. Endlich werden sie mir glauben müssen! Alle! Ich komme vielleicht hier raus! Bald! Aber … »Ich weiß nicht, ob ich Sie bezahlen kann.«

»Ich kriege mein Geld. Wenn Sie das hier unterschreiben, bin ich offiziell Ihr Anwalt und beantrage eine Wiederaufnahme des Verfahrens nach § 359 und die Aussetzung der Vollstreckung nach § 360 StPO.« Er zeigt und übergibt mir ein Schriftstück, Juristendeutsch, eine Vollmacht von mir für ihn, ich unterschreibe. Was habe ich zu verlieren?

»Sie hören sobald wie möglich von mir. Alles Gute einstweilen.«

Ich lasse mich von Max direkt in unsere Zelle führen. »Gratuliere!«, sagt er, »Oleg hatte also mehr Verstand als die ganze Justiz. Wenn er dir nicht geglaubt hätte ... hoffentlich geht dein Antrag durch!«

Oleg ist allein in unserer Zelle, ich überfalle ihn mit einem Redeschwall, ehe ich mich mit einem Heulkrampf setzen muss.

»He, Kleiner«, brummt Oleg, »ist gut. Freu Dich!«

Fabian kommt rein, sieht meine verquollenen Augen. »Daniel, was ist los?«

Ich falle ihm um den Hals, kriege kein klares Wort heraus, und Oleg erklärt ihm, worum es geht, ehe er uns taktvoll allein lässt.

»Dann kommst du doch vor mir raus!« Fabian heult fast mit, und ich verspreche, ihm sofort zu schreiben, sobald ich draußen bin. »Ich warte auf dich!«

Im ganzen Flur spricht sich schnell rum, dass ich womöglich entlassen werde, jeder klopft mir auf die Schulter, ich hoffe inständig, dass ich mich nicht zu früh freue und bedanke mich bei Oleg, weil er seinem Anwalt von mir erzählt hat.

»Ist gut, Kleiner. Bergmann wird dir helfen. Kannst ihm trauen.«

Ich werde fast ein wenig sentimental, lehne mich an Oleg, lasse meine Hand auf sein Schwanzpaket wandern.

»Kleiner«, sagt er, »musst du heute nicht.«

»Ich will aber!«

»Dann ist gut!«

Er öffnet seine Hose, ich befreie seinen Lustkolben aus diesem grauen Feinrippteil, ich sauge an seiner Schlange, erschnüffle das Aroma dieses geilen Kerls, will mich jetzt seiner Dominanz unterwerfen, und als er beginnt mich ins Maul zu ficken, haben Mischa und Alexej schon ausgepackt, stehen wichsend neben uns, ich greife nach ihren Latten, habe nun zwei Schwänze in den Händen und einen im Hals und es ist himmlisch. Oleg kommt, sein Kleister füllt meinen Rachen, ich sauge noch den letzten Rest aus ihm, ehe er meinen Kopf wegdrückt. »Die anderen auch!«

Nun nuckle ich an Mischas Rohr, habe eine Hand frei für mich selbst, zerre mir Hose und Unterhose runter, spiele mit den Eiern des wichsenden Alexej, während Mischa mein Maul stopft und ich mir selbst die Faust gebe. Beide steuern auf ihren Orgasmus zu, schon versaut Alexej mein ganzes Gesicht, ich kriege gerade noch rechtzeitig die Augen zu, überall tropft seine Soße an mir herunter, und da füllt sich auch mein Mund wieder, Mischa lädt in mir ab, das gibt mir den Rest, ich verteile meinen Samen auf dem Zellenboden.

Herr Bergmann ist schon aktiv geworden, an den beiden folgenden Tagen werde ich in die Verwaltung gerufen, sehe ihn noch mal, unterschreibe weitere Papiere, kriege diverse Unterlagen und sogar der Direktor wünscht mir alles Gute.

Ich sitze wie auf glühenden Kohlen, warte, bis endlich über meinen Fall entschieden wird. Bergmann hat versichert, alles Menschenmögliche zu unternehmen, aber er könne nur bedingt beeinflussen, wann unser Antrag behandelt und wie darüber befunden wird.

Ich kann mich nicht mehr auf Schach konzentrieren, Oleg gewinnt jede Partie, aber ich treibe es so oft wie möglich mit Fabian, Bernauer, Max, Oleg, Mischa und Alexej, und ich genieße es. Beim Ficken verdränge ich alles andere. Der Sex wird mir fehlen, wenn ich rauskomme. Wenn.

Zwei Wochen später taucht gegen Abend, wir machen schon Schluss mit der Arbeit, Max in der Wäscherei auf, tuschelt mit Bernauer, winkt mich zu sich. »Du sollst zum Direktor kommen. Sepp bringt dich hin. Aber frag nicht, ich weiß es wirklich selbst nicht.«

Meine Knie werden weich, ich muss mich setzen, Fabian kommt dazu, alle wissen, worum es geht, und sprechen mir Mut zu.

»Herr Schuler, bitte nehmen Sie Platz«, sagt der Direktor, Herr Bergmann im zweiten Besucherstuhl nickt mir freundlich zu, Bernauer bleibt stehen.

»Herr Schuler, Ihr Anwalt hat mir soeben einen Beschluss übergeben, gemäß dem Ihren Anträgen auf Wiederaufnahme des Verfahrens und Aussetzung der Vollstreckung stattgegeben wurde. Sie sind wieder frei. Ich gratuliere Ihnen!«

Ich habe minutenlang hemmungslos geheult, ehe ich fähig war, mich beim Anwalt zu bedanken.

Mit dem Vorschlag, die Entlassung aus organisatorischen Gründen auf morgen zu verschieben, war ich einverstanden. Das Angebot zu telefonieren habe ich abgelehnt. »Nein. Niemand hat mir geglaubt, keiner hat mich besucht oder nur meine Briefe beantwortet. Ich will mit niemandem von früher noch etwas zu tun haben.«

Betroffenheit beim Direktor und Herrn Bergmann, Sepp ist geradezu entsetzt und schreibt mir sofort seine Adresse und Telefonnummer auf. »Du kannst dich jederzeit melden!«

»Wartet auf mich, ich komme gleich wieder«, sagt er den anderen beiden, ehe er mich in die Zelle bringt.

»Freu dich, Kleiner«, sagt Oleg. »Feiern wir! Ich organisiere was!«

Er organisiert Sekt und Wodka, und ich besaufe mich nicht, aber ich trinke zu viel, und mein letzter Abend in diesem Bau endet in einer kleinen Orgie, bei der ich drei Russenschwänze lutsche, drei Ärsche lecke, mir drei Russen ihre Kolben erst ins Maul, dann in den Hintern, dann wieder ins Maul schieben. Während ich rücklings auf dem Tisch liege, wechseln sie sich ab, wobei jeder mal Pause machen muss, da ich ja nur zwei Löcher habe. Alle drei trichtern mir ihren Samen sowohl oben als auch hinten ein, und obwohl ich zu viel intus habe, um mir selbst noch einen runterzuholen, kriege ich nicht genug und bettle geradezu darum, noch mal geknallt zu werden, und noch mal.

Auf einmal ist Max da, in Uniform, steckt mir seinen Riemen erst zum Anfeuchten in die Schnauze, ehe er ihn in meinem Darm versenkt und die Russensahne darin buttert. Seine Fickstöße, sein strenger Blick, seine Hand an meinem Pimmel lassen mich endlich hart werden, jaulend liege ich da, mein Loch brennt und giert doch nach einer Füllung.

»Spritz ab!«, befiehlt Max. »Spritz ab! Erst dann kriegst du meine Soße!«

Er wichst mich, hart, herrisch, und sein Kommandoton treibt es mir heraus, bis in mein Gesicht schießt das Zeug, und letzte heftige Stöße knallen mich, mein Arschkanal kriegt noch eine Portion verpasst.

»Wirst du draußen nicht haben, Kleiner!«, sagt Oleg. »Solltest hierbleiben!«

Er meint es nicht ernst. Natürlich nicht. Morgen Abend werde ich nicht mehr hier sein.

Morgen bin ich wieder FREI!

GAY HARDCORE

Maik Keller
Gay Hardcore 22: Erziehung bei Monsieur Laurent
192 Seiten, Softcover,
10,5 x 17 cm
ISBN 978-3-95985-422-1
€ 12,99

Im Rahmen seiner Herrenabende bringt der charmante Monsieur Laurent seine jungen Geliebten mit alten Männern zusammen, denen sie sexuell zur Verfügung stehen sollen. Schritt für Schritt bereitet er die hübschen Bengel auf die Begegnung mit seinen anspruchsvollen und verwöhnten Gästen vor. Besondere Sorgfalt verwendet er auf die strenge und gründliche Erziehung von Antoine, der nicht nur hinreißend gut aussieht, sondern sich auch als erstaunlich gelehrig erweist.

GAY HARDCORE

Thimo hat seinem Freund Carsten beim morgendlichen Quickie einen Heiratsantrag gemacht – und Carsten hat Ja gesagt. Doch für Hochzeitsromantik bleibt den geilen Gärtnern wenig Zeit. Schließlich müssen Carsten und Thimo sich nicht nur um ihre eigenen dauerharten Meisterkolben kümmern, sondern auch um die von Kaminkehrern, Gemüsehändlern, Schreinern und devoten Lehrern.

Max Wildrath
Gay Hardcore 21:
Die Gärtnermeister und ihr Lehrling
192 Seiten, Softcover, 10,5 x 17 cm
ISBN 978-3-95985-418-4
€ 12,99

Laurent, Bernard und Sylvain, drei sadistische alte Männer, veranstalten in Nanterre bei Paris Herrenabende, bei denen gut aussehende Bengel ihren perversen Launen zur Verfügung stehen. Dem attraktiven Laurent fällt die Aufgabe zu, geeignete junge Männer zu finden und auf die hohen Ansprüche seiner verwöhnten Freunde vorzubereiten. Bei einem seiner Streifzüge durch Paris lernt er den hinreißenden Antoine kennen.

Maik Keller
Gay Hardcore 20:
Herrenabend bei Monsieur Laurent
168 Seiten, Softcover, 10,5 x 17 cm
ISBN 978-3-95985-417-7
€ 12,99

GAY HARDCORE

Die beiden Gärtnermeister Carsten und Thimo beginnen ein neues Jahr mit Sexurlaub auf Gran Canaria, wo sie neben geilen Eisverkäufern und allerlei Strandbekanntschaften auf einen sehr willigen jungen Spanier stoßen, der nicht nur ihr Haus putzt. Zurück in ihrem Betrieb suchen sie für die unangenehmen Arbeiten Handlanger, denen als Lohn Meisterkolben und ein Fickbock winken.

Max Wildrath
Gay Hardcore 19: Gärtner-Meister
192 Seiten, Softcover, 10,5 x 17 cm
ISBN 978-3-95985-408-5
€ 12,99

Der 35-jährige Christoph liebt seinen Job: Mit seinem Truck fährt er das ganze Jahr über quer durch Europa. Die langen Fahrtzeiten im Cockpit seines Riesen-Brummers verkürzt er sich mit versauten Chats oder er macht schon mal das nächste Date klar. Egal ob mit dem devoten Trucker auf dem Rastplatz oder dem heißen Lagerarbeiter in der dunklen Fabrikhalle: Hier werden volle Ladungen ausgetauscht.

Nick Holzner
Gay Hardcore 18: Volle Ladung
208 Seiten, Softcover, 10,5 x 17 cm
ISBN 978-3-95985-407-8
€ 12,99

GAY HARDCORE

LKW-Fahrer Roland tritt eine neue Stelle an in einer fremden Stadt. Auf seinen Touren für eine Umzugsfirma erlebt er immer wieder lustvolle Abenteuer. Bald lernt er zwei Kollegen kennen, die schon lange befreundet sind und sich über Abwechslung freuen; manchmal kommt auch Pizzabote Toni dazu. Ob in schummrigen Biergärten, auf entlegenen Rastplätzen oder halb ausgeräumten Wohnungen – das Quartett ist ausgesprochen erfinderisch.

Max Wildrath
Gay Hardcore 17: Der Möbelpacker
176 Seiten, Softcover, 10,5 x 17 cm
ISBN 978-3-95985-406-1
€ 12,99

Durch einen schweren Schneesturm wird die winterliche Bergtour für Jason und Nico zu einem gefährlichen Abenteuer. Als Schutz vor nächtlicher Kälte ist Körperwärme hilfreich, doch am nächsten Morgen herrscht betretenes Schweigen. Dann liefern sich die beiden harten Kerle einen erbitterten Kampf darum, wer das Sagen hat. Um Nähe zu erreichen, muss Widerstand gebrochen werden, statt Partner sind sie abwechselnd Sieger und Verlierer.

Jo Perridge / Cliff Morten
Gay Hardcore 16: Seilschaft
160 Seiten, Softcover, 10,5 x 17 cm
ISBN 978-3-95985-391-0
€ 12,99

LUCASENTERTAINMENT.COM